大方廣佛華嚴經 讀誦

52

🪷 일러두기

1. 『독송본 한문 · 한글역 대방광불화엄경』은 실차난타가 한역(695~699)한 80권 『대방광불화엄경』의 한문 원문과 한글역을 함께 수록한 것이다. 한문에는 음사와 현토를 부기하였다.

2. 원문의 저본은 고종 2년(1865) 월정사에서 인경한 고려대장경 『대방광불화엄경』에 한암 스님이 현토(1949년)한 것을 범룡 스님이 영인 출판(1990년)한 『대방광불화엄경』이다.

3. 한문은 저본에서 누락되었거나 글자가 다르다고 판단된 부분은 저본인 고려대장경 각권의 말미에 교감되어 있는 내용을 중심으로 하고 봉은사판 『대방광불화엄경수소연의초』와 신수대장경 각주에서 밝힌 교감본을 참조하여 보입하고 수정하였다.

4. 한글 번역은 동국역경원에서 발간한 한글 『대방광불화엄경』(운허)을 중심으로 하고 『신화엄경합론』(탄허)과 『대방광불화엄경 강설』(여천무비) 그리고 최근의 여타 번역본 등을 참조하였다.

5. 저본의 원문에서 이체자의 경우 혼글이 제공하는 이체자는 그대로 살리고 혼글이 제공하지 않는 글자는 통용되는 정자로 바꾸었다. 예) 閒 → 閒 / 焰 → 燄 / 宮 → 宮 / 偁 → 稱

6. 한글 번역은 독송과 사경을 위하여 정확성과 아울러 가독성을 고려하였다. 극존칭은 부처님과 불경계에 대해서만 사용하였다.

7. 독송본의 차례는 일러두기 → 본문 → 화엄경 목차 → 간행사의 순차이다.
   (법공양판에는 간행사 다음에 간행불사 동참자를 밝혀 두었다.)

8. 독송본의 한글역은 사경의 편의를 도모하기 위해 그 편집을 달리하여 『사경본 한글역 대방광불화엄경』으로 함께 간행한다. 독송본과 사경본 모두 80권 『대방광불화엄경』의 권별 목차 순으로 간행한다.

독송본 한문 · 한글역

대방광불화엄경 제52권
大方廣佛華嚴經 卷第五十二

37. 여래출현품 [3]
如來出現品 第三十七之三

실차난타 한역
수미해주 한글역

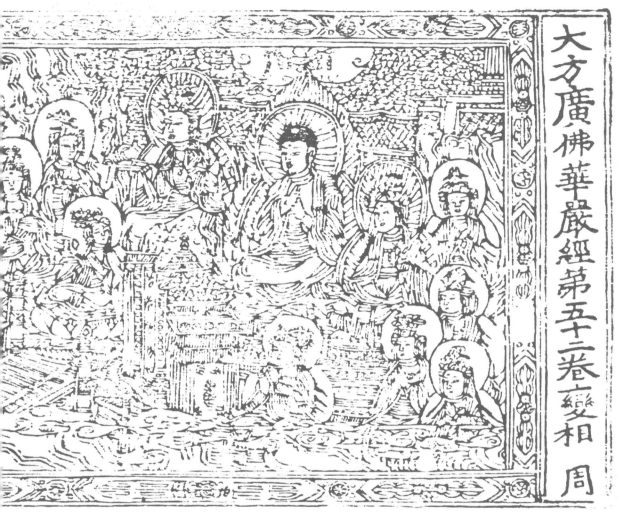

大方廣佛華嚴經第五十二卷變相 周

대방광불화엄경 제52권 변상도

대방광불화엄경
제52권

37. 여래출현품 [3]

대방광불화엄경 권제오십이
大方廣佛華嚴經 卷第五十二

여래출현품 제삼십칠지삼
如來出現品 第三十七之三

불자 보살마하살 응운하지여래응정등
佛子야 菩薩摩訶薩이 應云何知如來應正等

각 경계
覺境界오

불자 보살마하살 이무장무애지혜 지일
佛子야 菩薩摩訶薩이 以無障無礙智慧로 知一

체 세간 경계 시 여래 경계
切世間境界가 是如來境界하니라

대방광불화엄경 제52권

37. 여래출현품 [3]

"불자들이여, 보살마하살이 어떻게 여래 응정등각의 경계를 알아야 하는가?

불자들이여, 보살마하살은 막힘 없고 걸림 없는 지혜로 일체 세간의 경계가 여래의 경계임을 안다.

일체 삼세의 경계와, 일체 세계의 경계와, 일

지일체삼세경계　　일체찰경계　　일체법경
知一切三世境界와　**一切刹境界**와　**一切法境**

계　　일체중생경계　　진여무차별경계　　법계
界와　**一切衆生境界**와　**眞如無差別境界**와　**法界**

무장애경계　　실제무변제경계　　허공무분
無障礙境界와　**實際無邊際境界**와　**虛空無分**

량경계　　무경계경계　　시여래경계
量境界와　**無境界境界**가　**是如來境界**하나니라

불자　　여일체세간경계무량　　　여래경계
佛子야　**如一切世間境界無量**하야　**如來境界**도

역무량　　　여일체삼세경계무량　　　여래경
亦無量하며　**如一切三世境界無量**하야　**如來境**

계　　역무량
界도　**亦無量**하니라

내지여무경계경계무량　　　여래경계　　역무
乃至如無境界境界無量하야　**如來境界**도　**亦無**

체 법의 경계와, 일체 중생의 경계와, 진여의 차별 없는 경계와, 법계의 장애 없는 경계와, 실제의 끝없는 경계와, 허공의 분량 없는 경계와, 경계 없는 경계가 여래의 경계임을 안다.

불자들이여, 일체 세간의 경계가 한량없듯이 여래의 경계도 또한 한량없으며, 일체 삼세의 경계가 한량없듯이 여래의 경계도 또한 한량없다.

내지 경계 없는 경계가 한량없듯이 여래의 경계도 또한 한량없으며, 경계 없는 경계가 일체 처에 없듯이, 여래의 경계도 또한 이와 같아서 일체 처에 없다.

량　　여무경계경계　　일체처무유　　여래
量하며 如無境界境界가 一切處無有하야 如來

경계　　역여시일체처무유
境界도 亦如是一切處無有니라

불자　　보살마하살　　응지심경계　　시여래
佛子야 菩薩摩訶薩이 應知心境界가 是如來

경계　　여심경계　　무량무변　　무박무탈
境界니 如心境界의 無量無邊하며 無縛無脫하야

여래경계　　역무량무변　　무박무탈
如來境界도 亦無量無邊하며 無縛無脫이니라

하이고　　이여시여시사유분별　　여시여시
何以故오 以如是如是思惟分別로 如是如是

무량현현고
無量顯現故니라

불자　　여대용왕　　수심강우　　기우　　부종내
佛子야 如大龍王이 隨心降雨에 其雨가 不從內

불자들이여, 보살마하살은 마음의 경계가 여래의 경계이니, 마음의 경계가 한량없고 가없으며 얽힘도 없고 벗어남도 없듯이, 여래의 경계도 또한 한량없고 가없으며 얽힘도 없고 벗어남도 없음을 마땅히 알아야 한다.

왜냐하면 이와 같고 이와 같이 사유하고 분별함으로써 이와 같고 이와 같이 한량없이 나타나는 까닭이다.

불자들이여, 마치 큰 용왕이 마음을 따라 비를 내리지만 그 비는 안에서 나오는 것도 아니고 밖에서 나오는 것도 아니듯이, 여래의 경계도 또한 이와 같아서 이와 같이 사유하고 분

출　　부종외출　　　여래경계　　역부여시
出이며 不從外出인달하야 如來境界도 亦復如是하야

수어여시사유분별　　즉유여시무량현현
隨於如是思惟分別하사 則有如是無量顯現일새

어시방중　　실무래처
於十方中에 悉無來處니라

불자　　여대해수　　개종용왕심력소기
佛子야 如大海水가 皆從龍王心力所起인달하야

제불여래일체지해　　역부여시　　개종여래
諸佛如來一切智海도 亦復如是하야 皆從如來

왕석대원지소생기
往昔大願之所生起니라

불자　　일체지해　　무량무변　　불가사의
佛子야 一切智海가 無量無邊하야 不可思議며

별함을 따라서 곧 이와 같이 한량없이 나타나지만 시방에서 다 온 곳이 없다.

불자들이여, 마치 큰 바닷물이 다 용왕의 마음의 힘으로부터 생긴 것이듯이, 모든 부처님 여래의 일체 지혜바다도 또한 이와 같아서 모두 여래의 지난 옛적 큰 서원으로부터 생긴 것이다.

불자들이여, 일체 지혜바다는 한량없고 가없고 사의할 수 없고 말할 수 없다. 그러나 내가 이제 간략히 비유를 설할 것이니, 그대들은 자세히 들어라.

불가언설 연아금자 약설비유 여응
不可言說이나 然我今者에 略說譬諭호리니 汝應

제 청
諦聽이어다

불자 차염부제 유이천오백하 유입대해
佛子야 此閻浮提에 有二千五百河가 流入大海하고

서구야니 유오천하 유입대해 동불바
西拘耶尼에 有五千河가 流入大海하고 東弗婆

제 유칠천오백하 유입대해 북울단월
提에 有七千五百河가 流入大海하고 北鬱單越에

유일만하 유입대해
有一萬河가 流入大海라

불자 차사천하 여시이만오천하 상속부
佛子야 此四天下에 如是二萬五千河가 相續不

절 유입대해
絶하야 流入大海하나니라

불자들이여, 이 염부제에는 이천오백 개의 강이 있어 큰 바다로 흘러 들어가고, 서구야니에는 오천 개의 강이 있어 큰 바다로 흘러 들어가고, 동불바제에는 칠천오백 개의 강이 있어 큰 바다로 흘러 들어가고, 북울단월에는 일만 개의 강이 있어 큰 바다로 흘러 들어간다.

불자들이여, 이 사천하에 이와 같은 이만오천 개의 강이 계속하여 끊이지 않고 큰 바다로 흘러 들어간다.

어떻게 생각하는가? 이 물이 많은가?"

대답하여 말하였다. "매우 많습니다."

어의운하　차수　다부
於意云何오 此水가 多不아

답언　　심다
答言하사대 甚多니이다

불자　부유십광명용왕　우대해중　수배과
佛子야 復有十光明龍王이 雨大海中에 水倍過

전　　백광명용왕　우대해중　수부배전
前하며 百光明龍王이 雨大海中에 水復倍前하나라

대장엄용왕　마나사용왕　뇌진용왕　난타
大莊嚴龍王과 摩那斯龍王과 雷震龍王과 難陀

발난타용왕　무량광명용왕　연주부단용
跋難陀龍王과 無量光明龍王과 連霔不斷龍

왕　대승용왕　대분신용왕　여시등팔십억
王과 大勝龍王과 大奮迅龍王과 如是等八十億

제대용왕　각우대해　개실전전　배과어
諸大龍王이 各雨大海에 皆悉展轉하야 倍過於

"불자들이여, 다시 열 광명용왕이 있어 큰 바다 가운데 비 내리니 물은 앞의 것보다 배가 되며, 백 광명용왕이 큰 바다 가운데 비 내리니 물은 다시 앞의 것보다 배가 된다.

대장엄용왕과 마나사용왕과 뇌진용왕과 난타발난타용왕과 무량광명용왕과 연주부단용왕과 대승용왕과 대분신용왕과, 이와 같은 등의 팔십억 모든 큰 용왕들이 각각 큰 바다에 비 내리니 모두 다 차례로 앞의 것보다 배가 된다.

사갈라용왕의 태자는 이름이 염부당이니 큰 바다 가운데 비 내림에 물이 다시 앞의 것보다

전
前하니라

사갈라용왕태자　　　명염부당　　　　우대해중
娑竭羅龍王太子가　名閻浮幢이니　雨大海中에

수부배전
水復倍前하니라

불자　　십광명용왕　　　궁전중수　　　유입대해
佛子야　十光明龍王의　宮殿中水가　流入大海에

부배과전　　　백광명용왕　　　궁전중수　　　유입
復倍過前하며　百光明龍王의　宮殿中水가　流入

대해　　부배과전
大海에　復倍過前하니라

대장엄용왕　　마나사용왕　　뇌진용왕　　난타
大莊嚴龍王과　摩那斯龍王과　雷震龍王과　難陀

발난타용왕　　　무량광명용왕　　　연주부단용
跋難陀龍王과　無量光明龍王과　連霪不斷龍

배가 된다.

불자들이여, 열 광명용왕의 궁전 가운데 물이 큰 바다로 흘러 들어감에 다시 앞의 것보다 배가 되며, 백 광명용왕의 궁전 가운데 물이 큰 바다로 흘러 들어가는 것은 다시 앞의 것보다 배가 된다.

대장엄용왕과 마나사용왕과 뇌진용왕과 난타발난타용왕과 무량광명용왕과 연주부단용왕과 대승용왕과 대분신용왕과, 이와 같은 등의 팔십억 모든 큰 용왕들의 궁전이 각각 다른데, 그 가운데 있는 물이 큰 바다로 흘러 들어감에 모두 다 차례로 앞의 것보다 배가 된

왕　대승용왕　대분신용왕　여시등팔십억
王과 **大勝龍王**과 **大奮迅龍王**과 **如是等八十億**

제 대용왕　궁 전각별　　기 중유수　유입
諸大龍王의 **宮殿各別**이어든 **其中有水**가 **流入**

대 해　개 실 전 전　배과어전
大海에 **皆悉展轉**하야 **倍過於前**하나라

사갈라용왕태자염부당　궁전중수　유입
娑竭羅龍王太子閻浮幢의 **宮殿中水**가 **流入**

대 해　부배과 전
大海에 **復倍過前**하나라

불자　사갈라용왕　연우대해　수부배전
佛子야 **娑竭羅龍王**이 **連雨大海**에 **水復倍前**하며

기사갈라용왕　궁전중수　용출입해　부배
其娑竭羅龍王의 **宮殿中水**가 **涌出入海**에 **復倍**

어 전
於前하나라

다.

사갈라용왕의 태자 염부당의 궁전 가운데
물이 큰 바다로 흘러 들어가는 것은 다시 앞
의 것보다 배가 된다.

불자들이여, 사갈라용왕이 이어서 큰 바다
에 비 내림에 물이 다시 앞의 것보다 배가 되
고, 그 사갈라용왕의 궁전 가운데 물이 솟아
나서 바다로 들어감에 다시 앞의 것보다 배가
된다.

그 나오는 물은 감유리색이고 솟아나는 때가
있으니, 그러므로 큰 바다는 조수가 때를 잃
지 않는다.

기소출수 　　감유리색 　　　용출유시 　　시고
其所出水가 紺瑠璃色이며 涌出有時일새 是故

대해 　조불실시
大海가 潮不失時니라

불자 　여시대해 　기수무량 　중보무량
佛子야 如是大海에 其水無量하며 衆寶無量하며

중생무량 　소의대지 　역부무량
衆生無量하며 所依大地도 亦復無量하니라

불자 　어여의운하 　피대해 　위무량부
佛子야 於汝意云何오 彼大海가 爲無量不아

답언 　　실위무량 　불가위유
答言하사대 實爲無量하야 不可爲諭니이다

불자 　차대해무량 　어여래지해무량 　백분
佛子야 此大海無量이 於如來智海無量에 百分에

불급일 　　천분 　불급일 　　내지우파니사
不及一이며 千分에 不及一이며 乃至優波尼沙

불자들이여, 이와 같이 큰 바다에 그 물이 한량이 없으며, 온갖 보배도 한량이 없으며, 중생들도 한량이 없으며, 의지하는 바 대지도 또한 한량이 없다.

불자들이여, 그대들의 뜻에는 어떠한가? 저 큰 바다가 한량이 없겠는가?"

대답하여 말하였다. "실로 한량이 없어서 비유할 수가 없습니다."

"불자들이여, 이 큰 바다의 한량없음은 여래 지혜바다의 한량없음에 백분의 일에도 미치지 못하며, 천분의 일에도 미치지 못하며, 내지 우파니사타분의 그 일에도 미치지 못한다. 다

타분 불급기일 단수중생심 위작비
陀分에 不及其一이로대 但隨衆生心하야 爲作譬

유 이불경계 비비소급
諭언정 而佛境界는 非譬所及이니라

불자 보살마하살 응지여래지해무량
佛子야 菩薩摩訶薩이 應知如來智海無量이니

종초발심 수일체보살행부단고 응지보
從初發心으로 修一切菩薩行不斷故며 應知寶

취무량 일체보리분법 삼보종 부단
聚無量이니 一切菩提分法과 三寶種이 不斷

고
故니라

응지소주중생무량 일체학무학성문독각
應知所住衆生無量이니 一切學無學聲聞獨覺의

만 중생 마음을 따라서 비유한 것이나, 부처님의 경계는 비유로 미칠 바가 아니다.

불자들이여, 보살마하살은 여래의 지혜바다가 한량없음을 마땅히 알아야 하니 처음 발심함으로부터 일체 보살의 행을 닦아 끊어지지 않는 까닭이며, 보배덩이가 한량없음을 마땅히 알아야 하니 일체 보리분법과 삼보의 종자가 끊어지지 않는 까닭이다.

머무르는 바 중생들이 한량없음을 마땅히 알아야 하니 일체 배우는 이와 배울 것 없는 이와 성문과 독각이 수용하는 바인 까닭이며,

소수용고　　응지주지무량　　종초환희지
所受用故며 應知住地無量이니 從初歡喜地로

내지구경무장애지　제보살소거고
乃至究竟無障礙地히 諸菩薩所居故니라

불자　　보살마하살　　위입무량지혜　　이익
佛子야 菩薩摩訶薩이 爲入無量智慧하야 利益

일체중생고　어여래응정등각경계　응여
一切衆生故로 於如來應正等覺境界에 應如

시지
是知니라

이시　　보현보살마하살　욕중명차의　　이
爾時에 普賢菩薩摩訶薩이 欲重明此義하사 而

설송언
說頌言하시니라

머무르는 지위가 한량없음을 마땅히 알아야 하니 처음 환희지로부터 내지 끝까지 장애 없는 지위에 이르기까지 모든 보살들이 거주하는 곳인 까닭이다.

불자들이여, 보살마하살이 한량없는 지혜에 들어가 일체 중생을 이익케 하기 위한 까닭으로, 여래 응정등각의 경계를 마땅히 이와 같이 알아야 한다."

그때에 보현 보살마하살이 이 뜻을 거듭 밝히려고 게송을 설하여 말씀하였다.

여심경계무유량
如心境界無有量하야

제불경계역부연
諸佛境界亦復然하며

여심경계종의생
如心境界從意生하야

불경여시응관찰
佛境如是應觀察이니라

여용불리어본처
如龍不離於本處하고

이심위력주대우
以心威力霔大雨하나니

우수수무래거처
雨水雖無來去處나

수용심고실충흡
隨龍心故悉充洽인달하야

십력모니역여시
十力牟尼亦如是하사

무소종래무소거
無所從來無所去로대

약유정심즉현신
若有淨心則現身하야

양등법계입모공
量等法界入毛孔이로다

마음의 경계가 한량없듯이
모든 부처님의 경계도 또한 그러하며
마음의 경계가 뜻으로부터 나듯이
부처님의 경계도 이와 같이 관찰할지니라.

용이 본래 처소를 떠나지 않고
마음의 위력으로 큰비를 내리니
빗물은 비록 오고 가는 곳이 없어도
용의 마음을 따르므로 모두 흡족히 적시듯이

십력의 모니께서도 또한 이와 같으셔서
좇아온 바도 없고 가는 바도 없으시나
만약 깨끗한 마음이 있으면 곧 몸을 나타내시어
양이 법계와 같지만 모공에 들어가시도다.

여해진기무유량
如海珍奇無有量하며

중생대지역부연
衆生大地亦復然하니

수성일미등무별
水性一味等無別이나

어중생자각몽리
於中生者各蒙利인달하야

여래지해역여시
如來智海亦如是하사

일체소유개무량
一切所有皆無量하니

유학무학주지인
有學無學住地人이

실재기중득요익
悉在其中得饒益이로다

불자
佛子야

보살마하살
菩薩摩訶薩이

응운하지여래응정등
應云何知如來應正等

각행
覺行고

바다에는 진기함이 한량없으며
중생들과 대지도 또한 그러하며
물의 성품은 한맛으로 동등하여 다름없으나
그 속에 사는 자는 각각 이익을 얻듯이

여래의 지혜바다도 또한 이와 같아서
일체 있는 바가 다 한량없으니
유학과 무학과 지위에 머무른 사람이
모두 그 가운데서 요익을 얻도다.

"불자들이여, 보살마하살이 마땅히 어떻게
여래 응정등각의 행을 알아야 하는가?
불자들이여, 보살마하살은 걸림 없는 행이

불자　　보살마하살　　응지무애행　　시여래
佛子야 菩薩摩訶薩이 應知無礙行이 是如來

행　　　응지진여행　　시여래행
行이며 應知眞如行이 是如來行이니라

불자　　여진여　　전제불생　　　후제부동　　　현
佛子야 如眞如가 前際不生이며 後際不動이며 現

재불기　　　　　여래행　　역여시　　　불생부동
在不起인달하야 如來行도 亦如是하야 不生不動

불기
不起니라

불자　　여법계　　비량비무량　　　무형고
佛子야 如法界가 非量非無量이니 無形故인달하야

여래행　　역여시　　　비량비무량　　　무형고
如來行도 亦如是하야 非量非無量이니 無形故니라

여래의 행임을 마땅히 알아야 하며, 진여의 행이 여래의 행임을 마땅히 알아야 한다.

불자들이여, 마치 진여는 앞 즈음에서 생겨나지도 않고 뒤 즈음에서 움직이지도 않고 현재에 일어나지도 않듯이, 여래의 행도 또한 이와 같아서 생겨나지도 않고 움직이지도 않고 일어나지도 않는다.

불자들이여, 마치 법계가 한량있음도 아니고 한량없음도 아니니 형상이 없는 까닭이듯이, 여래의 행도 또한 이와 같아서 한량있음도 아니고 한량없음도 아니니 형상이 없는 까닭이다.

불자 비여조비허공 경어백년 이경
佛子야 譬如鳥飛虛空에 經於百年하야도 已經

과처 미경과처 개불가량 하이고 허
過處와 未經過處를 皆不可量이니 何以故오 虛

공계 무변제고
空界가 無邊際故인달하니라

여래행 역여시 가사유인 경백천억나
如來行도 亦如是하야 假使有人이 經百千億那

유타겁 분별연설 이설미설 개불가
由他劫토록 分別演說호대 已說未說을 皆不可

량 하이고 여래행 무변제고
量이니 何以故오 如來行이 無邊際故니라

불자 여래응정등각 주무애행 무유주
佛子야 如來應正等覺이 住無礙行하야 無有住

불자들이여, 비유하면 새가 허공을 날면서 백 년을 지내더라도 이미 지나간 곳이나 아직 지나가지 않은 곳을 다 헤아릴 수 없으니, 왜냐하면 허공계가 끝이 없는 까닭이다.

여래의 행도 또한 이와 같아서 가령 어떤 사람이 백천억 나유타 겁을 지내도록 분별하여 연설하되 이미 말한 것과 아직 말하지 않은 것을 다 헤아릴 수 없으니, 왜냐하면 여래의 행은 끝이 없는 까닭이다.

불자들이여, 여래 응정등각께서 걸림 없는 행에 머무르시어 머무르는 곳이 없지만 능히

처　　이능보위일체중생　　시현소행　　　영
處나 而能普爲一切衆生하사 示現所行하야 令

기견이　　출과일체제장애도
其見已에 出過一切諸障礙道하나니라

불자　　비여금시조왕　　비행허공　　회상불거
佛子야 譬如金翅鳥王이 飛行虛空에 迴翔不去하야

이청정안　　관찰해내제룡궁전　　분용맹
以淸淨眼으로 觀察海內諸龍宮殿하고 奮勇猛

력　　　이좌우시　　고양해수　　실령양벽
力하야 以左右翅로 鼓揚海水하야 悉令兩闢하고

지용남녀　　명장진자　　이박취지
知龍男女의 命將盡者하야 而搏取之인달하니라

여래응정등각금시조왕　　역부여시　　주무
如來應正等覺金翅鳥王도 亦復如是하사 住無

애행　　　이정불안　　관찰법계제궁전중일
礙行하야 以淨佛眼으로 觀察法界諸宮殿中一

널리 일체 중생을 위하여 행할 바를 나타내 보여, 그들로 하여금 보고서 일체 모든 장애되는 길을 벗어나게 하신다.

불자들이여, 비유하면 금시조왕이 허공을 날면서 빙빙 돌며 가지 않고 청정한 눈으로 바닷속 모든 용왕들의 궁전을 관찰하고, 용맹한 힘을 떨쳐 좌우의 날개로 바닷물을 쳐올려서 모두 양쪽으로 갈라지게 하고, 암용과 수용의 목숨이 장차 다할 자를 알고 붙잡아 간다.

여래 응정등각의 금시조왕도 또한 이와 같아서 걸림 없는 행에 머무르면서 청정한 부처님의 눈으로 법계의 모든 궁전 가운데 일체 중

체 중생   약증종선근   이성숙자   여래
切衆生하사 若曾種善根하야 已成熟者면 如來가

분용맹십력   이지관양시   고양생사대애
奮勇猛十力하사 以止觀兩翅로 鼓揚生死大愛

수 해   사기양벽   이촬취지   치불법
水海하사 使其兩闢하고 而撮取之하야 置佛法

중   영단일체망상희론   안주여래무분
中하야 令斷一切妄想戲論하고 安住如來無分

별무애행
別無礙行이니라

불자   비여일월   독무등려   주행허공
佛子야 譬如日月이 獨無等侶하고 周行虛空하야

이익중생   부작시념   아종하래   이지
利益衆生이나 不作是念호대 我從何來하야 而至

하소
何所인달하니라

생을 관찰하여, 만약 일찍이 선근을 심어서 이미 성숙한 자이면 여래께서 용맹한 십력을 떨치어 지와 관의 두 날개로 생사의 큰 애욕의 바닷물을 쳐올려 그것을 양쪽으로 갈라지게 하고 그를 잡아서 부처님 법 가운데 두어서, 일체 허망한 생각과 희론을 끊고 여래의 분별 없고 걸림 없는 행에 편안히 머무르게 하신다.

불자들이여, 비유하면 해와 달이 홀로 같은 짝이 없이 허공에 두루 다니면서 중생들을 이익하게 하면서도 '내가 어디로부터 와서 어느 곳에 이른다'라는 생각을 하지 않는다.

모든 부처님 여래께서도 또한 이와 같아서

제불여래　　역부여시　　성본적멸　　무유
諸佛如來도　亦復如是하사　性本寂滅하야　無有

분별　　시현유행일체법계　　위욕요익제
分別이나　示現遊行一切法界하사　爲欲饒益諸

중생고　　작제불사　　무유휴식　　불생여
衆生故로　作諸佛事하야　無有休息호대　不生如

시희론분별　　아종피래　　이향피거
是戲論分別하야　我從彼來하야　而向彼去라하나니라

불자　　보살마하살　　응이여시등무량방편
佛子야　菩薩摩訶薩이　應以如是等無量方便과

무량성상　　지견여래응정등각소행지행
無量性相으로　知見如來應正等覺所行之行이니라

성품이 본래 적멸하여 분별이 없으나 일체 법계에 다님을 나타내 보이시며, 모든 중생들을 요익하게 하려는 까닭으로 모든 불사를 지어 휴식함이 없지만 '내가 저곳으로부터 와서 저기로 향하여 간다'라는 이와 같은 희론과 분별을 내지 않으신다.

불자들이여, 보살마하살이 마땅히 이와 같은 등의 한량없는 방편과 한량없는 성품과 형상으로써 여래 응정등각의 행하시는 행을 알고 보아야 한다."

이시　　보현보살　욕중명차의　　이설송
爾時에 普賢菩薩이 欲重明此義하사 而說頌

언
言하시니라

비여진여불생멸　　무유방소무능견
譬如眞如不生滅이라 無有方所無能見인달하야

대요익자행여시　　출과삼세불가량
大饒益者行如是하야 出過三世不可量이로다

법계비계비비계　　비시유량비무량
法界非界非非界며 非是有量非無量이니

대공덕자행역연　　비량무량무신고
大功德者行亦然하야 非量無量無身故로다

그때에 보현 보살이 이 뜻을 거듭 밝히려고
게송을 설하여 말씀하였다.

비유하면 진여는 생겨나지도 멸하지도 않고
방소도 없고 볼 수도 없듯이
크게 요익하게 하는 자의 행도 이와 같아서
삼세를 벗어나서 헤아리지 못하도다.

법계는 계도 아니고 계 아님도 아니며
한량있음도 아니고 한량없음도 아니니
큰 공덕 있는 자의 행도 또한 그러하여
유량과 무량이 아님은 몸이 없는 까닭이로다.

여조비행억천세
如鳥飛行億千歲나

전후허공등무별
前後虛空等無別인달하야

중겁연설여래행
衆劫演說如來行호대

이설미설불가량
已說未說不可量이로다

금시재공관대해
金翅在空觀大海하고

벽수박취용남녀
闢水搏取龍男女하나니

십력능발선근인
十力能拔善根人하사

영출유해제중혹
令出有海除衆惑이로다

비여일월유허공
譬如日月遊虛空에

조림일체불분별
照臨一切不分別인달하야

세존주행어법계
世尊周行於法界하사

교화중생무동념
敎化衆生無動念이로다

마치 새가 억천 년을 날아다녀도
앞과 뒤의 허공은 동등하여 다름이 없듯이
많은 겁 동안 여래의 행을 연설하여도
말한 것과 말하지 않은 것을 헤아릴 수 없도다.

금시조왕이 허공에서 큰 바다를 보고
물을 갈라 암용과 수용을 잡아가듯이
십력께서도 선근의 사람을 능히 건져내시어
존재바다를 벗어나 온갖 의혹을 없애게 하시도다.

비유하면 해와 달이 허공에 다니면서
일체를 비추지만 분별하지 않듯이
세존께서도 법계를 두루 다니시면서
중생들을 교화하되 흔들리는 생각이 없으시도다.

불자 제보살마하살 응운하지여래응정
佛子야 諸菩薩摩訶薩이 應云何知如來應正

등각 성정각
等覺의 成正覺고

불자 보살마하살 응지여래 성정각
佛子야 菩薩摩訶薩이 應知如來가 成正覺하사

어일체의 무소관찰 어법평등 무소
於一切義에 無所觀察하며 於法平等하야 無所

의혹 무이무상 무행무지 무량무
疑惑하며 無二無相하며 無行無止하며 無量無

제 원리이변 주어중도 출과일체문
際하며 遠離二邊하야 住於中道하며 出過一切文

자언설
字言說하니라

21

"불자들이여, 모든 보살마하살들이 마땅히 어떻게 여래 응정등각의 바른 깨달음 이루심을 알아야 하는가?

불자들이여, 보살마하살들은 마땅히 여래께서 바른 깨달음을 이루셔서 일체의 뜻에 관찰하는 바가 없으며, 법에 평등하여 의혹하는 바가 없으며, 둘이 없고 모양이 없으며, 행함이 없고 그침이 없으며, 한량이 없고 경계가 없으며, 두 변을 멀리 여의어 중도에 머무르며, 일체 문자와 말을 벗어나심을 알아야 한다.

지일체중생　심념소행　근성욕락　번뇌염
知一切衆生의 心念所行과 根性欲樂과 煩惱染

습　　거요언지　　어일념중　　실지삼세일
習이니 擧要言之컨댄 於一念中에 悉知三世一

체제법
切諸法이니라

불자　비여대해　보능인현사천하중일체
佛子야 譬如大海가 普能印現四天下中一切

중생　색신형상　시고　공설이위대해
衆生의 色身形像일새 是故로 共說以爲大海인달하야

제불보리　역부여시　보현일체중생　심
諸佛菩提도 亦復如是하야 普現一切衆生의 心

념근성낙욕　이무소현　시고　설명제
念根性樂欲호대 而無所現일새 是故로 說名諸

불보리
佛菩提니라

일체 중생의 마음 생각으로 행하는 바와 근성과 욕락과 번뇌에 물든 습기를 아시니, 요점을 들어 말한다면 한 생각 중에 삼세 일체 모든 법을 다 아신다.

불자들이여, 비유하면 큰 바다가 사천하 가운데 일체 중생의 몸과 형상을 널리 능히 도장 찍듯이 나타내니, 그러므로 큰 바다라고 한 가지로 말한다. 모든 부처님의 보리도 또한 이와 같아서 일체 중생의 마음 생각과 근성과 욕락을 널리 나타내되 나타내는 바가 없으니, 그러므로 모든 부처님의 보리라고 이름한다.

불자　제불보리　일체문자　소불능선
佛子야 諸佛菩提는 一切文字의 所不能宣이며

일체음성　소불능급　일체언어　소불능
一切音聲의 所不能及이며 一切言語의 所不能

설　　단수소응　방편개시
說이로대 但隨所應하야 方便開示니라

불자　여래응정등각　성정각시　득일체중
佛子야 如來應正等覺이 成正覺時에 得一切衆

생양등신　득일체법양등신　득일체찰
生量等身하며 得一切法量等身하며 得一切刹

양등신　득일체삼세양등신
量等身하며 得一切三世量等身하니라

득일체불양등신　득일체어언양등신
得一切佛量等身하며 得一切語言量等身하며

불자들이여, 모든 부처님의 보리는 일체 문자로 펼 수 없는 바이며, 일체 음성으로 미칠 수 없는 바이며, 일체 말로 설할 수 없는 바이지만, 다만 마땅한 바를 따라서 방편으로 열어 보일 뿐이다.

불자들이여, 여래 응정등각께서 바른 깨달음을 이루실 때에 일체 중생의 분량과 같은 몸을 얻으며, 일체 법의 분량과 같은 몸을 얻으며, 일체 국토의 분량과 같은 몸을 얻으며, 일체 삼세의 분량과 같은 몸을 얻으신다.

일체 부처님의 분량과 같은 몸을 얻으며, 일

득진여양등신　　득법계양등신　　득허공
得眞如量等身하며 **得法界量等身**하며 **得虛空**

계양등신
界量等身하니라

득무애계양등신　　득일체원양등신
得無礙界量等身하며 **得一切願量等身**하며

득일체행양등신　　득적멸열반계양등
得一切行量等身하며 **得寂滅涅槃界量等**

신
身하나니라

불자　여소득신　　언어급심　역부여시
佛子야 **如所得身**하야 **言語及心**도 **亦復如是**하야

득여시등무량무수청정삼륜
得如是等無量無數淸淨三輪이니라

체 말의 분량과 같은 몸을 얻으며, 진여의 분량과 같은 몸을 얻으며, 법계의 분량과 같은 몸을 얻으며, 허공계의 분량과 같은 몸을 얻으신다.

걸림 없는 경계의 분량과 같은 몸을 얻으며, 일체 서원의 분량과 같은 몸을 얻으며, 일체 행의 분량과 같은 몸을 얻으며, 적멸한 열반계의 분량과 같은 몸을 얻으신다.

불자들이여, 얻으신 바 몸과 같이 말과 마음도 또한 이와 같아서, 이와 같은 등 한량없고 수없는 청정한 삼륜을 얻으신다.

불자 여래 성정각시 어기신중 보견일
佛子야 如來가 成正覺時에 於其身中에 普見一

체중생 성정각 내지보견일체중생 입
切衆生이 成正覺하며 乃至普見一切衆生이 入

열반 개동일성 소위무성
涅槃하야 皆同一性이니 所謂無性이라

무하등성
無何等性고

소위무상성 무진성 무생성 무멸
所謂無相性이며 無盡性이며 無生性이며 無滅

성 무아성 무비아성
性이며 無我性이며 無非我性이니라

무중생성 무비중생성 무보리성
無衆生性이며 無非衆生性이며 無菩提性이며

무법계성 무허공성 역부무유성정각
無法界性이며 無虛空性이며 亦復無有成正覺

불자들이여, 여래께서 바른 깨달음을 이루실 때에 그 몸 가운데에서 일체 중생이 바른 깨달음 이루는 것을 널리 보며 내지 일체 중생이 열반에 드는 것을 널리 보시니, 다 동일한 성품이다. 이른바 '성품이 없음'이다.

어떤 성품이 없는가?

이른바 모양의 성품이 없고, 다함의 성품이 없고, 생겨나는 성품이 없고, 사라지는 성품이 없고, '나'라는 성품이 없고, '나'가 아닌 성품이 없다.

중생의 성품이 없고, 중생 아닌 성품이 없고, 보리의 성품이 없고, 법계의 성품이 없고,

성
性이니라

지일체법 개무성고 득일체지 대비상
知一切法이 **皆無性故**로 **得一切智**하야 **大悲相**

속 구도중생
續하야 **救度衆生**이니라

불자 비여허공 일체세계 약성약괴 상
佛子야 **譬如虛空**이 **一切世界**가 **若成若壞**에 **常**

무증감 하이고 허공 무생고 제
無增減이니 **何以故**오 **虛空**은 **無生故**인달하야 **諸**

불보리 역부여시 약성정각 불성정
佛菩提도 **亦復如是**하야 **若成正覺**과 **不成正**

각 역무증감 하이고 보리 무상무비
覺에 **亦無增減**이니 **何以故**오 **菩提**는 **無相無非**

허공의 성품이 없고, 또한 바른 깨달음을 이루는 성품도 없다.

일체 법이 다 성품이 없음을 아는 까닭으로 일체지를 얻고 대비가 계속 이어져 중생들을 제도한다.

불자들이여, 비유하면 허공은 일체 세계가 이루어지거나 무너지거나 항상 늘어나고 줄어듦이 없으니, 왜냐하면 허공은 생겨남이 없는 까닭이다. 모든 부처님의 보리도 또한 이와 같아서 바른 깨달음을 이루시거나 바른 깨달음을 이루시지 않거나 또한 늘어나고 줄어듦이

상　　무일무종종고
相이며 無一無種種故니라

불자　　가사유인　　능화작항하사등심
佛子야 假使有人이 能化作恒河沙等心하고

일일심　부화작항하사등불　　개무색무형
一一心에 復化作恒河沙等佛호대 皆無色無形

무상　　　여시진항하사등겁　　무유휴식
無相하야 如是盡恒河沙等劫토록 無有休息하면

불자　어여의운하　피인　화심　　화작여
佛子야 於汝意云何오 彼人의 化心하야 化作如

래　범유기하
來가 凡有幾何오

여래성기묘덕보살　언
如來性起妙德菩薩이 言하시니라

없으니, 왜냐하면 보리는 모양도 없고 모양 아
님도 없으며 하나도 없고 갖가지도 없는 까닭
이다.

불자들이여, 가령 어떤 사람이 항하의 모래
수와 같은 마음을 능히 변화시켜 만들고 낱낱
마음에 다시 항하의 모래 수와 같은 부처님을
변화시켜 만들되, 다 색이 없고 형상이 없고
모양이 없으며, 이와 같이 항하의 모래 수와
같은 겁이 다하도록 휴식함이 없으면, 불자들
이여, 그대들은 어떻게 생각하는가? 저 사람
이 마음을 변화시켜서 여래를 변화시켜 만든

여아해어인소설의　　화여불화　등무유
如我解於仁所說義컨댄　化與不化가　等無有

별　　　운하문언범유기하
別이어니　云何問言凡有幾何니잇고

보현보살　언
普賢菩薩이　言하시니라

선재선재　　불자　　여여소설　　설일체중
善哉善哉라　佛子야　如汝所說하야　設一切衆

생　어일념중　실성정각　　여불성정각
生이　於一念中에　悉成正覺이라도　與不成正覺으로

등무유이　하이고　보리　무상고　약무유
等無有異니　何以故오　菩提는　無相故라　若無有

상　　즉무증무감
相이면　則無增無減이니라

불자　보살마하살　응여시지성등정각　동
佛子야　菩薩摩訶薩이　應如是知成等正覺이　同

것이 얼마나 되겠는가?"

여래성기묘덕 보살이 말하였다.

"내가 어진 이의 말한 바 뜻을 이해한 것과 같다면, 변화시키고 변화시키지 않은 것이 평등하여 다름이 없는데 어찌하여 얼마나 되겠느냐고 묻습니까?"

보현 보살이 말하였다.

"훌륭하고 훌륭합니다. 불자여, 그대가 말한 바와 같아서 설령 일체 중생이 한 생각 동안에 모두 바른 깨달음을 이루더라도, 바른 깨달음을 이루지 못한 것과 더불어 평등하고 다름이 없으니, 왜냐하면 보리는 모양이 없는 까

어보리 　 일상무상
於菩提하야 一相無相이니라

여래 　 성정각시 　 이일상방편 　 입선각지
如來가 成正覺時에 以一相方便으로 入善覺智

삼매 　 입이 　 어일성정각광대신 　 현일체
三昧하고 入已에 於一成正覺廣大身에 現一切

중생수등신 　 주어신중
衆生數等身하사 住於身中하나니라

여일성정각광대신 　 일체성정각광대신
如一成正覺廣大身하야 一切成正覺廣大身도

실역여시
悉亦如是하니라

불자 　 여래 　 유여시등무량성정각문 　 시
佛子야 如來가 有如是等無量成正覺門일새 是

닭이며, 만약 모양이 없으면 늘어남도 없고 줄
어듦도 없습니다.

불자들이여, 보살마하살은 마땅히 이와 같이
평등하고 바른 깨달음을 이루심이 보리와 같아
서 한 모양이며, 모양이 없음을 알아야 한다.

여래께서 바른 깨달음을 이루실 때에 한 모
양의 방편으로 잘 깨닫는 지혜의 삼매에 들어
가고, 들어가서는 바른 깨달음을 이루신 한
광대한 몸에 일체 중생 수효와 같은 몸을 나
타내어 몸 가운데 머무르신다.

바른 깨달음을 이루신 한 광대한 몸과 같이,

고　응지여래소현신　무유량　이무량고
故로 應知如來所現身이 無有量이니 以無量故로

설여래신　위무량계　등중생계
說如來身이 爲無量界하야 等衆生界니라

불자　보살마하살　응지여래신일모공중
佛子야 菩薩摩訶薩이 應知如來身一毛孔中에

유일체중생수등제불신
有一切衆生數等諸佛身이니라

하이고
何以故오

여래성정각신　구경무생멸고
如來成正覺身이 究竟無生滅故라

여일모공　변법계　일체모공　실역여
如一毛孔이 徧法界하야 一切毛孔도 悉亦如

바른 깨달음을 이루신 일체 광대한 몸도 모두
또한 이와 같다.

불자들이여, 여래께서는 이와 같은 등의 한
량없는 바른 깨달음을 이루시는 문이 있으니,
그러므로 마땅히 알라, 여래께서 나타내시는
몸은 한량없으며, 한량없는 까닭으로 여래의
몸이 한량없는 경계가 되며 중생계와 같다고
말하는 것이다.

불자들이여, 보살마하살은 마땅히 여래 몸의
한 모공 속에 일체 중생 수효와 같은 모든 부
처님 몸이 있음을 알아야 한다.

시   당지무유소허처공   무불신
是하니 當知無有少許處空도 無佛身이니라

하이고   여래   성정각   무처부지고   수기
何以故오 如來가 成正覺에 無處不至故로 隨其

소능   수기세력   어도량보리수하사자
所能하며 隨其勢力하야 於道場菩提樹下師子

좌상   이종종신   성등정각
座上에 以種種身으로 成等正覺이니라

무슨 까닭인가?

여래께서 바른 깨달음을 이루신 몸은 끝까지 생겨나고 멸함이 없는 까닭이다.

한 모공이 법계에 두루하듯이 일체 모공도 모두 또한 이와 같으니, 마땅히 알라, 조그마한 처소의 허공에도 부처님 몸이 없는 곳이 없다.

무슨 까닭인가? 여래께서 바른 깨달음을 이루심에 이르지 않은 곳이 없는 까닭이다. 그 능함을 따르고 그 세력을 따라서 도량의 보리수 아래 사자좌 위에서 갖가지 몸으로 평등하고 바른 깨달음을 이루신다.

불자　　보살마하살　　응지자심　　염념상유불
佛子야 菩薩摩訶薩이 應知自心에 念念常有佛

성 정 각
成正覺이니라

하 이 고　　제 불 여 래　　불 리 차 심　　성 정 각 고
何以故오 諸佛如來가 不離此心하고 成正覺故라

여 자 심　　일 체 중 생 심　　역 부 여 시　　실 유 여
如自心하야 一切衆生心도 亦復如是하야 悉有如

래　　성 등 정 각　　광 대 주 변　　무 처 불 유　　불
來가 成等正覺이니 廣大周徧하야 無處不有하며 不

리 부 단　　무 유 휴 식　　입 부 사 의 방 편 법 문
離不斷하야 無有休息하야 入不思議方便法門이니라

불 자　　보 살 마 하 살　　응 여 시 지 여 래 성 정
佛子야 菩薩摩訶薩이 應如是知如來成正

각
覺이니라

불자들이여, 보살마하살은 자기 마음에 생각 생각마다 항상 부처님께서 계셔서 바른 깨달음을 이루신다는 것을 마땅히 알아야 한다.

무슨 까닭인가? 모든 부처님 여래께서 이 마음을 떠나지 아니하고 바른 깨달음을 이루시는 까닭이다. 자기 마음과 같이 일체 중생의 마음도 또한 다시 이와 같아서, 다 여래께서 계셔서 평등하고 바른 깨달음을 이루시니 광대하고 두루하여 계시지 않은 곳이 없으며, 여의지 아니하고 끊어지지 아니하여 휴식함이 없어서 부사의한 방편 법문에 들어가신다.

불자들이여, 보살마하살은 마땅히 이와 같

이시   보현보살마하살   욕중명차의   이
爾時에 **普賢菩薩摩訶薩**이 **欲重明此義**하사 **而**

설송언
說頌言하시니라

정각요지일체법   무이이이실평등
正覺了知一切法이   **無二離二悉平等**하며

자성청정여허공   아여비아불분별
自性淸淨如虛空하사   **我與非我不分別**이로다

이 여래께서 바른 깨달음을 이루시는 것을 알아야 한다.”

그때에 보현 보살마하살이 이 뜻을 거듭 밝히려고 게송을 설하여 말씀하였다.

바른 깨달음은 일체 법을 밝게 아니
둘과 둘을 여읨도 없어 모두 평등하며
자체 성품이 청정함이 허공과 같아
‘나’와 ‘나’ 아닌 것을 분별하지 않도다.

여해인현중생신
如海印現衆生身일새

이차설기위대해
以此說其爲大海인달하야

보리보인제심행
菩提普印諸心行일새

시고설명위정각
是故說名爲正覺이로다

비여세계유성패
譬如世界有成敗나

이어허공부증감
而於虛空不增減인달하야

일체제불출세간
一切諸佛出世間이나

보리일상항무상
菩提一相恒無相이로다

여인화심화작불
如人化心化作佛에

화여불화성무이
化與不化性無異인달하야

일체중생성보리
一切衆生成菩提에

성여불성무증감
成與不成無增減이로다

바다가 중생들의 몸을 도장 찍듯이 나타내니
이로써 그것을 큰 바다라고 말하듯이
보리가 모든 마음 행을 널리 도장 찍으니
그러므로 이름을 '바른 깨달음'이라 말하도다.

비유하면 세계가 이루어지고 무너짐이 있으나
허공은 늘어나고 줄어들지 않듯이
일체 모든 부처님께서 세간에 출현하시나
보리는 한 모양이며 항상 모양이 없도다.

사람이 변화시키는 마음으로 부처님을 변화시켜 만듦에
변화시키고 변화시키지 않은 것이 성품은 다름없듯이
일체 중생이 보리를 이룸에
이루나 이루지 않으나 늘어나고 줄어듦이 없도다.

불유삼매명선각
佛有三昧名善覺이라

보리수하입차정
菩提樹下入此定하사

방중생등무량광
放衆生等無量光하사

개오군품여연부
開悟群品如蓮敷로다

여삼세겁찰중생
如三世劫刹衆生의

소유심념급근욕
所有心念及根欲하야

여시수등신개현
如是數等身皆現일새

시고정각명무량
是故正覺名無量이로다

불자 보살마하살 응운하지여래응정등
佛子야 菩薩摩訶薩이 應云何知如來應正等

각 전법륜
覺의 轉法輪고

부처님께 삼매가 있으니 이름이 '선각'이라
보리수 아래에서 이 선정에 드시어
중생 수와 같은 한량없는 광명을 놓으서서
중생들을 깨우치심이 연꽃이 피어남과 같도다.

삼세 겁의 세계의 중생들에게
있는 바 마음 생각과 근성과 욕망과 같이
이러한 수효와 같은 몸을 다 나타내시니
그러므로 바른 깨달음을 '한량없다' 이름하도다.

"불자들이여, 보살마하살이 마땅히 어떻게
여래 응정등각의 법륜 굴리심을 알아야 하는
가?

불자 보살마하살 응여시지 여래 이
佛子야 菩薩摩訶薩이 應如是知니라 如來가 以

심자재력 무기무전 이전법륜 지일
心自在力으로 無起無轉하야 而轉法輪이니 知一

체법 항무기고 이삼종전 단소응단
切法의 恒無起故며 以三種轉으로 斷所應斷하야

이전법륜 지일체법 이변견고
而轉法輪이니 知一切法의 離邊見故니라

이욕제비제 이전법륜 입일체법 허
離欲際非際하야 而轉法輪이니 入一切法의 虛

공제고 무유언설 이전법륜 지일체
空際故며 無有言說하야 而轉法輪이니 知一切

법 불가설고 구경적멸 이전법륜 지
法의 不可說故며 究竟寂滅하야 而轉法輪이니 知

일체법 열반성고
一切法의 涅槃性故니라

불자들이여, 보살마하살은 마땅히 이와 같이 알아야 한다. 여래께서 마음의 자재하신 힘으로 일으킴도 없고 굴림도 없이 법륜을 굴리시니 일체 법이 항상 일어남이 없음을 아시는 까닭이며, 세 가지 굴림으로 마땅히 끊어야 할 것을 끊어서 법륜을 굴리시니 일체 법이 치우친 소견을 여의었음을 아시는 까닭이다.

욕심의 경계와 경계 아닌 것을 떠나서 법륜을 굴리시니 일체 법의 허공 경계에 들어가신 까닭이며, 말씀이 없이 법륜을 굴리시니 일체 법의 설할 수 없음을 아시는 까닭이며, 끝까지

일체문자　　일체언어　　이전법륜　　여래음
一切文字와　一切言語로　而轉法輪이니　如來音

성　　무처부지고　　지성여향　　　이전법륜
聲이　無處不至故며　知聲如響하야　而轉法輪이니

요어제법진실성고
了於諸法眞實性故니라

어일음중　　출일체음　　　이전법륜　　　필경
於一音中에　出一切音하야　而轉法輪이니　畢竟

무주고　　무유무진　　　이전법륜　　　내외무
無主故며　無遺無盡하야　而轉法輪이니　內外無

착고
著故니라

불자　비여일체문자어언　진미래겁　　설
佛子야　譬如一切文字語言이　盡未來劫토록　說

적멸하게 법륜을 굴리시니 일체 법의 열반 성품을 아시는 까닭이다.

일체 문자와 일체 언어로 법륜을 굴리시니 여래의 음성은 이르지 않는 곳이 없는 까닭이며, 소리가 메아리와 같음을 알고 법륜을 굴리시니 모든 법의 진실한 성품을 아시는 까닭이다.

한 음성 가운데 일체 음성을 내어서 법륜을 굴리시니 필경에 주체가 없는 까닭이며, 남김 없고 다함없이 법륜을 굴리시니 안과 밖에 집착이 없으신 까닭이다.

불가진　　　　불전법륜　　역부여시　　　일체
不可盡인달하야 佛轉法輪도 亦復如是하야 一切

문자　　안립현시　　무유휴식　　　무유궁진
文字로 安立顯示가 無有休息하며 無有窮盡이니라

불자　　여래법륜　　실입일체어언문자　　　이
佛子야 如來法輪이 悉入一切語言文字호대 而

무소주
無所住니라

비여서자　　보입일체사　　일체어　　일체산수
譬如書字가 普入一切事와 一切語와 一切筭數와

일체세간출세간처　　　이무소주
一切世閒出世閒處호대 而無所住인달하니라

여래음성　　역부여시　　　보입일체처　　일체
如來音聲도 亦復如是하야 普入一切處와 一切

중생　　일체법　　일체업　　일체보중　　　이무
衆生과 一切法과 一切業과 一切報中호대 而無

불자들이여, 비유하면 일체 문자와 말이 미래 겁이 다하도록 말해도 다할 수 없는 것처럼, 부처님께서 법륜을 굴리심도 또한 이와 같아서 일체 문자로 잘 정돈하여 나타내 보이심이 휴식이 없고 끝까지 다함이 없다.

불자들이여, 여래의 법륜이 일체 말과 문자에 모두 들어가되 머무르는 바가 없다.

비유하면 글자가 일체 일과, 일체 말과, 일체 산수와, 일체 세간 출세간의 처소에 널리 들어가되 머무르는 바가 없다.

여래의 음성도 또한 이와 같아서 일체 처소와, 일체 중생과, 일체 법과, 일체 업과, 일체

소 주
所住하니라

일체중생   종종어언   개실불리여래법륜
一切衆生의 種種語言이 皆悉不離如來法輪이니

하이고   언음실상   즉법륜고
何以故오 言音實相이 即法輪故니라

불자   보살마하살   어여래전법륜   응여시
佛子야 菩薩摩訶薩이 於如來轉法輪에 應如是

지
知니라

부차불자   보살마하살   욕지여래소전법
復次佛子야 菩薩摩訶薩이 欲知如來所轉法

륜   응지여래법륜   소출생처
輪인댄 應知如來法輪의 所出生處니라

과보 가운데 널리 들어가되 머무르는 바가 없다.

일체 중생의 갖가지 말이 모두 다 여래의 법륜을 여의지 않으니, 왜냐하면 말과 음성의 실상이 곧 법륜인 까닭이다.

불자들이여, 보살마하살은 여래의 법륜 굴리심을 마땅히 이와 같이 알아야 한다.

다시 또 불자들이여, 보살마하살이 여래께서 굴리시는 바 법륜을 알고자 한다면, 마땅히 여래의 법륜이 출생하는 곳을 알아야 한다.

무엇이 여래의 법륜이 출생하는 곳인가?

하등　　위여래법륜소출생처
何等이 爲如來法輪所出生處오

불자　　여래　수일체중생　　심행욕락　　무량
佛子야 如來가 隨一切衆生의 心行欲樂이 無量

차별　　　출약간음성　　　이전법륜
差別하사 出若干音聲하야 而轉法輪이니라

불자　　여래응정등각　　유삼매　　　명구경무
佛子야 如來應正等覺이 有三昧하니 名究竟無

애무외　　입차삼매이　　　어성정각　　일일
礙無畏라 入此三昧已하야는 於成正覺한 一一

신　　일일구　　각출일체중생수등언음
身과 一一口에 各出一切衆生數等言音이어든

일일음중　　중음구족　　　각각차별　　　이전
一一音中에 衆音具足하사 各各差別하야 而轉

법륜　　영일체중생　　개생환희
法輪하야 令一切衆生으로 皆生歡喜하나니라

불자들이여, 여래께서는 일체 중생의 마음

행과 욕락이 한량없이 차별함을 따라서 약간

의 음성을 내어 법륜을 굴리신다.

불자들이여, 여래 응정등각께 삼매가 있으니

이름이 '끝까지 걸림 없고 두려움 없음'이다.

이 삼매에 드시고는 바른 깨달음을 이룬 낱낱

몸과 낱낱 입에서 각각 일체 중생의 수효와 같

은 음성을 내시는데, 낱낱 음성에 온갖 음성

이 구족하고 각각 차별하여 법륜을 굴려서 일

체 중생으로 하여금 다 환희하게 하신다.

능히 이와 같이 법륜을 굴리시는 것을 알면,

마땅히 알라, 이 사람은 곧 일체 부처님의 법

능여시지전법륜자　　당지차인　　즉위수순
能如是知轉法輪者는 **當知此人**이 **則爲隨順**

일체불법　　　불여시지　　즉비수순
一切佛法이요 **不如是知**면 **則非隨順**이니라

불자　　제보살마하살　　응여시지불전법륜
佛子야 **諸菩薩摩訶薩**이 **應如是知佛轉法輪**하야

보입무량중생계고
普入無量衆生界故니라

이시　　보현보살마하살　　욕중명차의　　　이
爾時에 **普賢菩薩摩訶薩**이 **欲重明此義**하사 **而**

설송언
說頌言하시니라

을 수순함이 되고, 이와 같이 알지 못하면 곧 수순함이 아니다.

불자들이여, 모든 보살마하살들은 마땅히 이와 같이 부처님의 법륜 굴리심을 알아야 하니, 한량없는 중생 세계에 널리 들어가시는 까닭이다."

그때에 보현 보살마하살이 이 뜻을 거듭 밝히려고 게송을 설하여 말씀하였다.

여래법륜무소전
如來法輪無所轉하야

삼세무기역무득
三世無起亦無得하니

비여문자무진시
譬如文字無盡時하야

십력법륜역여시
十力法輪亦如是로다

여자보입이무지
如字普入而無至하야

정각법륜역부연
正覺法輪亦復然이라

입제언음무소입
入諸言音無所入하야

능령중생실환희
能令衆生悉歡喜로다

불유삼매명구경
佛有三昧名究竟이라

입차정이내설법
入此定已乃說法호대

일체중생무유변
一切衆生無有邊에

보출기음영오해
普出其音令悟解로다

여래의 법륜은 굴리시는 바가 없어서
삼세에 일으킴도 없고 또한 얻음도 없으시니
비유하면 문자가 다할 때가 없듯이
십력의 법륜도 또한 이와 같도다.

글자가 널리 들어가되 이르는 곳이 없듯이
바른 깨달음의 법륜도 또한 그러하여
모든 말에 들어가도 들어가는 바 없이
능히 중생들로 하여금 다 환희하게 하도다.

부처님께 삼매가 있으니 이름이 '구경'이라
이 선정에 들어가서 이에 법을 설하시되
일체 중생이 끝이 없음에
그 음성을 널리 내어 깨닫게 하시도다.

일일음중부갱연
一一音中復更演

무량언음각차별
無量言音各差別호대

어세자재무분별
於世自在無分別하야

수기욕락보사문
隨其欲樂普使聞이로다

문자부종내외출
文字不從內外出이며

역불실괴무적취
亦不失壞無積聚로대

이위중생전법륜
而爲衆生轉法輪하니

여시자재심기특
如是自在甚奇特이로다

불자
佛子야

보살마하살
菩薩摩訶薩이

응운하지여래응정등
應云何知如來應正等

각
覺의

반열반
般涅槃고

낱낱 음성 가운데 한량없는 음성이

각각 차별함을 다시 또 펼치되

세상에 자재하여 분별이 없어서

그 욕락을 따라 널리 듣게 하시도다.

문자는 안팎에서 나오지 않으며

또한 무너지지도 않고 쌓이지도 않지만

중생들을 위하여 법륜을 굴리시니

이와 같이 자재함이 매우 기특하도다.

"불자들이여, 보살마하살이 마땅히 어떻게

여래 응정등각의 열반에 드심을 알아야 하는

가?

불자　　보살마하살　　욕지여래대열반자
佛子야 菩薩摩訶薩이 欲知如來大涅槃者인댄

당수요지근본자성
當須了知根本自性이니라

여진여열반　　　여래열반　　역여시　　　여실
如眞如涅槃하야 如來涅槃도 亦如是하며 如實

제열반　　　여래열반　　역여시　　여법계열
際涅槃하야 如來涅槃도 亦如是하며 如法界涅

반　　　여래열반　　역여시
槃하야 如來涅槃도 亦如是하니라

여허공열반　　　여래열반　　역여시　　여법
如虛空涅槃하야 如來涅槃도 亦如是하며 如法

성열반　　　여래열반　　역여시　　　여이욕제
性涅槃하야 如來涅槃도 亦如是하며 如離欲際

열반　　　여래열반　　역여시
涅槃하야 如來涅槃도 亦如是하니라

불자들이여, 보살마하살이 여래의 큰 열반을 알고자 하면 마땅히 근본 자성을 밝게 알아야 한다.

진여의 열반과 같이 여래의 열반도 또한 이와 같으며, 실제의 열반과 같이 여래의 열반도 또한 이와 같으며, 법계의 열반과 같이 여래의 열반도 또한 이와 같다.

허공의 열반과 같이 여래의 열반도 또한 이와 같으며, 법성의 열반과 같이 여래의 열반도 또한 이와 같으며, 욕심의 경계를 여읜 열반과 같이 여래의 열반도 또한 이와 같다.

모양 없는 경계의 열반과 같이 여래의 열반

여무상제열반　　여래열반　　역여시　　　여
如無相際涅槃하야 如來涅槃도 亦如是하며 如

아성제열반　　여래열반　　역여시　　　여일
我性際涅槃하야 如來涅槃도 亦如是하며 如一

체법성제열반　　　여래열반　　역여시　　　여
切法性際涅槃하야 如來涅槃도 亦如是하며 如

진여제열반　　여래열반　　역여시
眞如際涅槃하야 如來涅槃도 亦如是하니라

하이고　열반　무생무출고　약법　무생무
何以故오 涅槃이 無生無出故니 若法이 無生無

출　　즉무유멸
出인댄 則無有滅이니라

불자　여래　불위보살　　설제여래구경열
佛子야 如來가 不爲菩薩하야 說諸如來究竟涅

도 또한 이와 같으며, '나'의 성품경계의 열반과 같이 여래의 열반도 또한 이와 같으며, 일체 법성경계의 열반과 같이 여래의 열반도 또한 이와 같으며, 진여경계의 열반과 같이 여래의 열반도 또한 이와 같다.

무슨 까닭인가? 열반은 생김도 없고 남도 없는 까닭이다. 만약 법이 생김도 없고 남도 없으면 곧 멸함이 없다.

불자들이여, 여래께서는 보살들을 위하여 모든 여래의 구경열반을 설하시는 것이 아니며, 또한 그들을 위하여 그 일을 나타내 보이시는

반 　　 역불위피 　　 시현기사
槃하시며 亦不爲彼하야 示現其事하나니라

하 이 고
何以故오

위욕령견일체여래 　 상주기전 　　 어일념중
爲欲令見一切如來가 常住其前하며 於一念中에

견과거미래일체제불 　 색상원만 　 개여현
見過去未來一切諸佛의 色相圓滿을 皆如現

재 　　 역불기이불이상
在호대 亦不起二不二想이니라

하 이 고 　 보살마하살 　 영리일체제상착
何以故오 菩薩摩訶薩이 永離一切諸想著

고
故니라

것도 아니다.

무슨 까닭인가?

일체 여래께서 그 앞에 항상 머무르심을 보며, 한 생각 동안에 과거 미래의 일체 모든 부처님의 색상이 원만하여 다 현재와 같음을 보되, 또한 '둘이다' '둘이 아니다'라는 생각도 일으키지 않게 하시고자 함이다.

왜냐하면 보살마하살은 일체 모든 생각에 집착함을 길이 여읜 까닭이다.

불자들이여, 모든 부처님 여래께서는 중생들로 하여금 기쁨과 즐거움을 내게 하기 위한

불자　　제불여래　　위령중생　　생혼락고
佛子야　諸佛如來가　爲令衆生으로　生欣樂故로

출현어세　　　욕령중생　　생연모고　　시현
出現於世하시며　欲令衆生으로　生戀慕故로　示現

열반　　이실여래　무유출세　역무열반
涅槃하사대　而實如來는　無有出世며　亦無涅槃이니라

하이고　　여래　　상주청정법계　　수중생
何以故오　如來가　常住淸淨法界하사　隨衆生

심　　시현열반
心하야　示現涅槃이니라

불자　비여일출　보조세간　　어일체정수
佛子야　譬如日出에　普照世間하야　於一切淨水

기중　영무불현　보변중처　이무래왕
器中에　影無不現하야　普徧衆處호대　而無來往하며

까닭으로 세상에 출현하시며, 중생들로 하여금 연모함을 내게 하려는 까닭으로 열반을 나타내 보이시지만, 실제로 여래께서는 세상에 출현함도 없고 또한 열반함도 없으시다.

무슨 까닭인가? 여래께서는 청정한 법계에 항상 머무르시면서 중생 마음을 따라서 열반을 나타내 보이신다.

불자들이여, 비유하면 해가 떠서 세간을 널리 비추어 일체 깨끗한 물 그릇 가운데 영상이 나타나지 않음이 없어서 온갖 곳에 널리 두루하되 오고 감이 없으며, 혹은 한 그릇이

혹일기파   변불현영
或一器破에 便不現影하나니라

불자   어여의운하   피영불현   위일구부
佛子야 於汝意云何오 彼影不現이 爲日咎不아

답언   불야   단유기괴   비일유구
答言하사대 不也니이다 但由器壞라 非日有咎니이다

불자   여래지일   역부여시   보현법계
佛子야 如來智日도 亦復如是하사 普現法界에

무전무후   일체중생정심기중   불무불
無前無後하야 一切衆生淨心器中에 佛無不

현   심기상정   상견불신   약심탁
現하나니 心器常淨이면 常見佛身이어니와 若心濁

기파   즉부득견
器破하면 則不得見이니라

깨어지면 문득 영상이 나타나지 않는다.

불자들이여, 그대들은 어떻게 생각하는가? 저 영상이 나타나지 않음이 해의 허물이 되는가?" 대답하여 말하였다. "아닙니다. 단지 그릇이 깨어짐을 말미암음이고, 해에 허물이 있는 것은 아닙니다."

"불자들이여, 여래 지혜의 해도 또한 이와 같아서 법계에 널리 나타남에 앞도 없고 뒤도 없으며, 일체 중생의 깨끗한 마음 그릇 가운데에 부처님께서 나타나시지 않음이 없으니, 마음 그릇이 항상 깨끗하면 부처님 몸을 항상 보고, 만약 마음이 흐리고 그릇이 깨어지면

불자　약유중생　응이열반　이득도자
佛子야 若有衆生이 應以涅槃으로 而得度者면

여래　즉위시현열반　이실여래　무생무
如來가 則爲示現涅槃이나 而實如來는 無生無

몰　　무유멸도
歿이며 無有滅度니라

불자　비여화대　어일체세간　능위화사
佛子야 譬如火大가 於一切世間에 能爲火事하나니

혹시일처　기화식멸　어의운하　기일체
或時一處에 其火息滅하면 於意云何오 豈一切

세간화　개멸야
世間火가 皆滅耶아

답언　　불야
答言하사대 不也니이다

곧 보지 못한다.

　불자들이여, 만약 어떤 중생이 마땅히 열반으로써 제도함을 얻을 자이면 여래께서 곧 위하여 열반을 나타내 보이시지만, 실제로 여래께서는 남도 없고 죽음도 없고 멸도함도 없으시다.

　불자들이여, 비유하면 불이 일체 세간에서 능히 불의 일을 하니, 혹은 때로 한 곳에서 그 불이 꺼지면, 어떻게 생각하는가? 어찌 일체 세간의 불이 모두 꺼지겠는가?"

불자　여래응정등각　역부여시　어일체
佛子야 如來應正等覺도 亦復如是하야 於一切

세계　시작불사　혹어일세계　능사이
世界에 施作佛事하나니 或於一世界에 能事已

필　시입열반　기일체세계제불여래
畢하고 示入涅槃하면 豈一切世界諸佛如來가

실개멸도
悉皆滅度리오

불자　보살마하살　응여시지여래응정등
佛子야 菩薩摩訶薩이 應如是知如來應正等

각　대반열반
覺의 大般涅槃이니라

부차불자　비여환사　선명환술　이환술
復次佛子야 譬如幻師가 善明幻術하야 以幻術

대답하여 말하였다. "아닙니다."

"불자들이여, 여래 응정등각께서도 또한 이와 같아서 일체 세계에서 불사를 지으시니, 혹은 한 세계에서 능히 할 일을 마치고 열반에 드심을 보이면, 어찌 일체 세계의 모든 부처님 여래께서 모두 다 멸도하심이겠는가?

불자들이여, 보살마하살은 마땅히 이와 같이 여래 응정등각의 크게 열반에 드심을 알아야 한다.

다시 또 불자들이여, 비유하면 마술사가 환술에 매우 밝아서 환술의 힘으로 삼천대천세

력   어삼천대천세계일체국토성읍취락
力으로 於三千大千世界一切國土城邑聚落에

시현환신   이환력지   경겁이주   연어
示現幻身하야 以幻力持하야 經劫而住나 然於

여처   환사이흘   은신불현
餘處에 幻事已訖하고 隱身不現하니라

불자   어여의운하   피대환사   기어일처
佛子야 於汝意云何오 彼大幻師가 豈於一處에

은신불현   변일체처   개은멸야
隱身不現으로 便一切處에 皆隱滅耶아

답언   불야
答言하사대 不也니이다

불자   여래응정등각   역부여시   선지무
佛子야 如來應正等覺도 亦復如是하야 善知無

량지혜방편종종환술   어일체법계   보현
量智慧方便種種幻術하사 於一切法界에 普現

계의 일체 국토와 도시와 마을에서 환술의 몸을 나타내 보이고 환술의 힘으로 유지하여 겁을 지내도록 머무르지만, 그러나 다른 곳에서는 환술의 일을 이미 마치고 몸을 숨기고 나타내지 않는다.

불자들이여, 그대들은 어떻게 생각하는가? 저 큰 환술사가 어찌 한 곳에서 몸을 감추고 나타나지 않는다고 해서 문득 일체 곳에서 다 없어지겠는가?"

대답하여 말하였다. "아닙니다."

"불자들이여, 여래 응정등각께서도 또한 이와 같아서 한량없는 지혜 방편인 갖가지 환술

기신　　지령상주　　진미래제　　혹어일
其身하사 持令常住하야 盡未來際호대 或於一

처　　수중생심　　소작사흘　　시현열반
處에 隨衆生心하야 所作事訖하고 示現涅槃이면

기이일처　　시입열반　　변위일체　　실개멸
豈以一處에 示入涅槃으로 便謂一切에 悉皆滅

도
度리오

불자　　보살마하살　　응여시지여래응정등
佛子야 菩薩摩訶薩이 應如是知如來應正等

각　　대반열반
覺의 大般涅槃이니라

부차불자　　여래응정등각　　시열반시　　입부
復次佛子야 如來應正等覺이 示涅槃時에 入不

을 잘 알아서 일체 법계에 그 몸을 널리 나타내고 유지하여 항상 머무르게 해서 미래제가 다하되, 혹 한 곳에서는 중생 마음을 따라서 짓는 바 일을 마치고 열반함을 나타내 보이신다면, 어찌 한 곳에서 열반에 드심을 보인다고 해서 문득 이르되 '일체에서 모두 다 멸도하셨다'라고 하겠는가?

불자들이여, 보살마하살은 마땅히 이와 같이 여래 응정등각의 크게 열반에 드심을 알아야 한다.

다시 또 불자들이여, 여래 응정등각께서 열

동삼매　　　입차삼매이　　　어일일신　　각
動三昧하나니　入此三昧已하야는　於一一身에　各

방무량백천억나유타대광명　　　일일광명
放無量百千億那由他大光明하며　一一光明에

각출아승지연화　　　일일연화　　각유불가설
各出阿僧祇蓮華하며　一一蓮華에　各有不可說

묘보화예　　　일일화예　　유사자좌　　　일일
妙寶華蘂하며　一一華蘂에　有師子座하며　一一

좌상　개유여래　결가부좌
座上에　皆有如來가　結跏趺坐이시니라

기불신수　　정여일체중생수등　　개구상묘
其佛身數가　正與一切衆生數等하야　皆具上妙

공덕장엄　　　종본원력지소생기　　약유중
功德莊嚴하니　從本願力之所生起라　若有衆

생　선근숙자　견불신이　즉개수화　연피
生이　善根熟者면　見佛身已에　則皆受化나　然彼

반을 보이실 때에는 부동삼매에 드시니, 이 삼매에 들고는 낱낱 몸에서 각각 한량없는 백천억 나유타 큰 광명을 놓으며, 낱낱 광명에서 각각 아승지 연꽃을 내며, 낱낱 연꽃에 각각 말할 수 없는 미묘한 보배 꽃술이 있으며, 낱낱 꽃술에 사자좌가 있으며, 낱낱 사자좌 위에 모두 여래께서 결가부좌하고 계시었다.

그 부처님 몸의 수효가 바로 일체 중생의 수효와 같으며, 다 가장 미묘한 공덕과 장엄을 갖추었으니, 본래의 원력으로부터 생긴 것이다. 만약 중생이 선근이 성숙한 자가 있으면 부처님 몸을 보고서 곧 다 교화를 받지만, 그

불신　　진미래제　　구경안주　　수의화도
佛身은 **盡未來際**토록 **究竟安住**하사 **隨宜化度**

일체중생　　미증실시
一切衆生하야 **未曾失時**니라

불자　　여래신자　　무유방처　　비실비허
佛子야 **如來身者**는 **無有方處**하야 **非實非虛**로대

단이제불　　본서원력　　중생감도　　즉변출
但以諸佛의 **本誓願力**으로 **衆生堪度**면 **則便出**

현
現하나니라

보살마하살　　응여시지여래응정등각　　대
菩薩摩訶薩이 **應如是知如來應正等覺**의 **大**

반열반
般涅槃이니라

러나 저 부처님 몸은 미래제가 다하도록 끝까지 편안히 머물러서 마땅함을 따라 일체 중생을 교화하여 제도하되 일찍이 때를 놓치지 않으신다.

불자들이여, 여래의 몸은 방위와 처소가 없어서 실제도 아니고 허망함도 아니나, 다만 모든 부처님의 본래 서원의 힘으로써 중생들이 제도 받을 만하면 곧 문득 출현하신다.

보살마하살들은 마땅히 이와 같이 여래 응정등각의 크게 열반에 드심을 알아야 한다.

불자   여래   주어무량무애   구경법계   허
佛子야 **如來**가 **住於無量無礙**한 **究竟法界**와 **虛**

공계   진여법성   무생무멸   급이실제
空界와 **眞如法性**과 **無生無滅**과 **及以實際**언마는

위제중생   수시시현   본원지고   무유
爲諸衆生하사 **隨時示現**호대 **本願持故**로 **無有**

휴식   불사일체중생   일체찰   일체법
休息하야 **不捨一切衆生**과 **一切刹**과 **一切法**이니라

이시   보현보살마하살   욕중명차의   이
爾時에 **普賢菩薩摩訶薩**이 **欲重明此義**하사 **而**

설송언
說頌言하시니라

불자들이여, 여래께서는 한량없고 걸림 없는 구경의 법계와 허공계와 진여 법성과 남도 없고 멸함도 없음과 그리고 실제에 머무르시지만, 모든 중생들을 위하여 때를 따라 나타내 보이신다. 본래의 서원을 지닌 까닭으로 휴식함이 없으며, 일체 중생과 일체 세계와 일체 법을 버리지 않으신다."

그때에 보현 보살마하살이 이 뜻을 거듭 밝히려고 게송을 설하여 말씀하였다.

여일서광조법계
如日舒光照法界에

기괴수루영수멸
器壞水漏影隨滅인달하야

최승지일역여시
最勝智日亦如是하야

중생무신견열반
衆生無信見涅槃이로다

여화세간작화사
如火世間作火事에

어일성읍혹시식
於一城邑或時息하야

인중최승변법계
人中最勝徧法界하사

화사흘처시종진
化事訖處示終盡이로다

환사현신일체찰
幻師現身一切刹하야

능사필처즉변사
能事畢處則便謝하나니

여래화흘역부연
如來化訖亦復然하야

어여국토상견불
於餘國土常見佛이로다

해가 광명을 펴서 법계를 비추되
그릇이 깨어져 물이 새면 영상도 따라 사라지듯이
가장 수승한 지혜의 해도 또한 이와 같아서
중생들이 믿음이 없으면 열반을 보이시도다.

불이 세간에서 불의 일을 하다가
한 성읍에서 혹은 때로 꺼지듯이
사람 가운데 가장 수승한 이도 법계에 두루하시나
교화의 일이 끝난 곳에서 마침내 다함을 보이시도다.

환술사가 일체 세계에 몸을 나타내다가
능히 일이 끝난 곳에서는 곧 문득 사라지니
여래께서 교화를 마치심도 또한 그러하여
다른 국토에서는 항상 부처님을 친견하도다.

불유삼매명부동
佛有三昧名不動이라

화중생흘입차정
化衆生訖入此定하야

일념신방무량광
一念身放無量光하사

광출연화화유불
光出蓮華華有佛호대

불신무수등법계
佛身無數等法界하니

유복중생소능견
有福衆生所能見이라

여시무수일일신
如是無數一一身에

수명장엄개구족
壽命莊嚴皆具足이로다

여무생성불출흥
如無生性佛出興이며

여무멸성불열반
如無滅性佛涅槃이라

언사비유실개단
言辭譬諭悉皆斷이나

일체의성무여등
一切義成無與等이로다

57

부처님께 삼매가 있으니 이름이 '부동'이라
중생 교화를 마치면 이 선정에 드시어
한 생각에 몸에서 한량없는 광명을 놓으시니
광명에서 연꽃이 나고 연꽃에는 부처님이 계시도다.

부처님 몸이 수없어 법계와 같아서
복 있는 중생들은 능히 보는 바라
이와 같이 수없는 낱낱 몸에
수명과 장엄을 다 구족하도다.

생겨나는 성품 없듯이 부처님께서 출현하시고
멸하는 성품 없듯이 부처님께서 열반하심이라
말과 비유가 모두 다 끊어졌으나
일체 이치 이루어 더불어 같음이 없도다.

불자 보살마하살 응운하지어여래응정
佛子야 菩薩摩訶薩이 應云何知於如來應正

등각 견문친근 소종선근
等覺에 見聞親近하야 所種善根고

불자 보살마하살 응지어여래소 견문친
佛子야 菩薩摩訶薩이 應知於如來所에 見聞親

근 소종선근 개실불허
近하야 所種善根이 皆悉不虛니라

출생무진각혜고 이어일체장난고 결정
出生無盡覺慧故며 離於一切障難故며 決定

지어구경고 무유허광고 일체원만고 부
至於究竟故며 無有虛誑故며 一切願滿故며 不

진유위행고
盡有爲行故니라

수순무위지고 생제불지고 진미래제고
隨順無爲智故며 生諸佛智故며 盡未來際故며

"불자들이여, 보살마하살은 마땅히 어떻게 여래 응정등각을 보고 듣고 친근하여 심은 바 선근을 알아야 하는가?

불자들이여, 보살마하살은 마땅히 여래의 처소에서 보고 듣고 친근하여 심은 바 선근이 모두 다 헛되지 않음을 알아야 한다.

다함없는 깨달음의 지혜를 내는 까닭이며, 일체 장애와 어려움을 여의는 까닭이며, 결정코 구경에 이르는 까닭이며, 헛되이 속임이 없는 까닭이며, 일체 서원이 만족한 까닭이며, 함이 있는 행을 다하지 않는 까닭이다.

함이 없는 지혜를 따르는 까닭이며, 모든 부

성 일 체 종 승 행 고　　도 무 공 용 지 지 고
成一切種勝行故며 **到無功用智地故**니라

불 자　 비 여 장 부　　식 소 금 강　　종 경 불 소
佛子야 **譬如丈夫**가 **食少金剛**에 **終竟不消**하고

요 천 기 신　　출 재 어 외　　하 이 고　　금 강
要穿其身하야 **出在於外**하나니 **何以故**오 **金剛**은

불 여 육 신 잡 예　　이 동 지 고
不與肉身雜穢로 **而同止故**인달하니라

어 여 래 소　　종 소 선 근　　역 부 여 시　　요 천 일
於如來所에 **種少善根**도 **亦復如是**하야 **要穿一**

체 유 위 제 행 번 뇌 신 과　　도 어 무 위 구 경 지
切有爲諸行煩惱身過하야 **到於無爲究竟智**

처　　 하 이 고　　차 소 선 근　　불 여 유 위 제 행
處하나니 **何以故**오 **此少善根**이 **不與有爲諸行**

처님의 지혜를 내는 까닭이며, 미래제를 다하는 까닭이며, 일체 종류의 수승한 행을 이루는 까닭이며, 공용이 없는 지혜의 지위에 이르는 까닭이다.

불자들이여, 비유하면 장부가 조그마한 금강을 먹어도 마침내 소화되지 않고 그 몸을 뚫고 밖으로 나온다. 왜냐하면 금강은 육신의 잡되어 더러움과 함께 머무르지 않는 까닭이다.
여래의 처소에서 조그마한 선근을 심은 것도 또한 이와 같아서, 일체 함이 있는 모든 행과 번뇌의 몸을 뚫고 지나서 함이 없는 구경의 지

번뇌　이공주고
煩惱로 而共住故니라

불자　가사건초　적동수미　투화어중
佛子야 假使乾草를 積同須彌라도 投火於中을

여개자허　필개소진　하이고　화능소
如芥子許하면 必皆燒盡하리니 何以故오 火能燒

고
故인달하니라

어여래소　종소선근　역부여시　필능소
於如來所에 種少善根도 亦復如是하야 必能燒

진일체번뇌　구경득어무여열반　하이
盡一切煩惱하고 究竟得於無餘涅槃하나니 何以

고　차소선근　성구경고
故오 此少善根이 性究竟故니라

불자　비여설산　유약왕수　명왈선견
佛子야 譬如雪山에 有藥王樹하니 名曰善見이라

혜의 처소에 이른다. 왜냐하면 이 적은 선근은 함이 있는 모든 행과 번뇌와 더불어 함께 머무르지 않는 까닭이다.

불자들이여, 가령 마른 풀을 수미산처럼 쌓았더라도 그 가운데 겨자씨만 한 불을 던지면 반드시 다 타버린다. 왜냐하면 불은 능히 태우는 까닭이다.

여래의 처소에서 조그마한 선근을 심은 것도 또한 이와 같아서 반드시 능히 일체 번뇌를 태워 버리고 구경에 남음이 없는 열반을 얻는다. 왜냐하면 이 적은 선근이 성품이 구경인 까닭이다.

약유견자　　안득청정　　약유문자　　이득
若有見者면　眼得淸淨하고　若有聞者면　耳得

청정　　　약유후자　　비득청정　　　약유상
淸淨하고　若有齅者면　鼻得淸淨하고　若有嘗

자　　설득청정　　　약유촉자　　신득청정
者면　舌得淸淨하고　若有觸者면　身得淸淨하고

약유중생　　취피지토　　　역능위작제병이
若有衆生이　取彼地土라도　亦能爲作除病利

익
益인달하니라

불자　　여래응정등각무상약왕　　역부여시
佛子야　如來應正等覺無上藥王도　亦復如是하야

능작일체요익중생
能作一切饒益衆生하나니라

약유득견여래색신　　안득청정　　　약유득
若有得見如來色身이면　眼得淸淨하며　若有得

불자들이여, 비유하면 설산에 약왕나무가 있으니 이름이 '선견'이다. 만약 보는 자가 있으면 눈이 청정함을 얻고, 만약 듣는 자가 있으면 귀가 청정함을 얻고, 만약 냄새 맡는 자가 있으면 코가 청정함을 얻고, 만약 맛보는 자가 있으면 혀가 청정함을 얻고, 만약 닿는 자가 있으면 몸이 청정함을 얻고, 만약 어떤 중생이 그 땅의 흙을 가지더라도 또한 능히 병을 없애는 이익을 짓게 된다.

불자들이여, 여래 응정등각의 위없는 약왕도 또한 이와 같아서 능히 일체를 지어 중생들을 요익하게 한다.

문여래명호　이득청정　약유득후여래계
聞如來名号면　耳得淸淨하며　若有得齅如來戒

향　비득청정　약유득상여래법미　설
香이면　鼻得淸淨하며　若有得嘗如來法味면　舌

득청정　구광장설　해어언법　약유득
得淸淨하야　具廣長舌하고　解語言法하며　若有得

촉여래광자　신득청정　구경획득무상법
觸如來光者면　身得淸淨하야　究竟獲得無上法

신　약어여래　생억념자　즉득염불삼매
身하며　若於如來에　生憶念者면　則得念佛三昧

청정
淸淨하니라

약유중생　공양여래　소경토지　급탑묘
若有衆生이　供養如來의　所經土地와　及塔廟

자　역구선근　멸제일체제번뇌환　득
者라도　亦具善根하야　滅除一切諸煩惱患하고　得

만약 여래의 색신을 보는 이가 있으면 눈이 청정함을 얻고, 만약 여래의 명호를 듣는 이가 있으면 귀가 청정함을 얻고, 만약 여래의 계행의 향기를 맡는 이가 있으면 코가 청정함을 얻고, 만약 여래의 법의 맛을 맛본 이가 있으면 혀가 청정함을 얻어서 넓고 긴 혀를 갖추어 말하는 법을 알며, 여래의 광명에 닿은 자가 있으면 몸이 청정함을 얻어 구경에 위없는 법신을 얻고, 만약 여래를 기억하고 생각하는 마음을 내는 자이면 곧 염불삼매가 청정함을 얻는다.

만약 중생들이 여래께서 지나가신 땅과 탑묘에 공양올리는 자가 있으면 또한 선근을 갖추

현성락
賢聖樂이니라

불자　　아금고여　　　설유중생　　견문어
佛子야 我今告汝호리니 設有衆生이 見聞於

불　　　업장전부　　　불생신락　　　역종선
佛하고 業障纏覆하야 不生信樂이라도 亦種善

근　　무공과자　　내지구경입어열반
根하야 無空過者며 乃至究竟入於涅槃이니라

불자　　보살마하살　　응여시지어여래소　　　견
佛子야 菩薩摩訶薩이 應如是知於如來所에 見

문친근　　　소종선근　　실이일체제불선법
聞親近하야 所種善根이 悉離一切諸不善法하고

구족선법
具足善法이니라

어서 일체 모든 번뇌와 근심을 멸하여 없애고 성현의 즐거움을 얻는다.

불자들이여, 내가 지금 그대들에게 말하니, 설령 어떤 중생이 부처님을 보거나 들으면서도 업장에 얽히고 덮여서 믿고 좋아함을 내지 못하더라도, 또한 선근을 심어서 헛되이 지나는 자가 없으며, 내지 구경에는 열반에 들게 된다.

불자들이여, 보살마하살은 마땅히 이와 같이 여래의 처소에서 보고 듣고 친근하여 심은 바 선근으로, 일체 모든 선하지 않은 법을 모두 여의고 선한 법을 구족하게 됨을 알아야 한다.

불자　　여래　　이일체비유　　설종종사　　무
佛子야 如來가 以一切譬諭로 說種種事호대 無

유비유　　능설차법　　하이고　　심지로절
有譬諭로 能說此法이니 何以故오 心智路絶하야

부사의고
不思議故니라

제불보살　　단수중생심　　영기환희　　위
諸佛菩薩이 但隨衆生心하야 令其歡喜하사 爲

설비유　　비시구경
說譬諭나 非是究竟이니라

불자　　차법문　　명위여래비밀지처　　명일체
佛子야 此法門이 名爲如來祕密之處며 名一切

세간　　소불능지　　명입여래인　　명개대지
世間의 所不能知며 名入如來印이며 名開大智

불자들이여, 여래께서 일체 비유로써 갖가지 일을 설하시지만 이 법을 말할 수 있는 비유는 없으니, 왜냐하면 마음과 지혜의 길이 끊어져서 부사의한 까닭이다.

모든 부처님과 보살들이 다만 중생들의 마음을 따라서 그들로 하여금 환희하게 하려고 비유를 설하시지만 이것이 구경은 아니다.

불자들이여, 이 법문은 이름이 '여래의 비밀한 곳'이며, 이름이 '일체 세간이 알 수 없는 것'이며, 이름이 '여래의 법인에 들어감'이며, 이름이 '큰 지혜의 문을 엶'이며, 이름이 '여래

門이며 **名示現如來種性**이니라

名成就一切菩薩이며 **名一切世間**의 **所不能壞**며

名一向隨順如來境界며 **名能淨一切諸衆生**

界며 **名演說如來根本實性不思議究竟法**이니라

佛子야 **此法門**은 **如來**가 **不爲餘衆生說**이요 **唯**

爲趣向大乘菩薩說이시며 **唯爲乘不思議乘菩**

薩說이시니 **此法門**은 **不入一切餘衆生手**요 **唯**

除諸菩薩摩訶薩이니라

의 종성을 나타내 보임'이다.

이름이 '일체 보살을 성취함'이며, 이름이 '일체 세간이 무너뜨릴 수 없는 것'이며, 이름이 '한결같이 여래의 경계를 수순함'이며, 이름이 '일체 모든 중생계를 능히 깨끗이 함'이며, 이름이 '여래의 근본 진실한 성품으로 부사의한 구경의 법을 연설함'이다.

불자들이여, 이 법문은 여래께서 다른 중생들을 위하여 설한 것이 아니고 오직 대승으로 나아가는 보살들만을 위하여 설하신 것이며, 오직 부사의한 수레를 탄 보살들만을 위하여 설하신 것이다. 이 법문은 일체 다른 중생들의

불자　비여전륜성왕　소유칠보　인차보고
佛子야 譬如轉輪聖王의 所有七寶가 因此寶故로

현시윤왕　　　차보　불입여중생수　유제
顯示輪王하나니 此寶는 不入餘衆生手요 唯除

제일부인　소생태자　구족성취성왕상자
第一夫人의 所生太子가 具足成就聖王相者니라

약전륜왕　무차태자구중덕자　왕명종후
若轉輪王이 無此太子具衆德者면 王命終後에

차제보등　어칠일중　실개산멸
此諸寶等이 於七日中에 悉皆散滅인달하니라

불자　차경진보　역부여시　불입일체여
佛子야 此經珍寶도 亦復如是하야 不入一切餘

중생수　유제여래법왕진자　생여래가
衆生手요 唯除如來法王眞子가 生如來家하야

종여래상제선근자
種如來相諸善根者니라

손에는 들어가지 않으며, 오직 모든 보살마하살들만은 제외한다.

불자들이여, 비유하면 전륜성왕에게 있는 일곱 가지 보배는 이 보배를 인한 까닭으로 윤왕임을 나타내 보인다. 이 보배는 다른 중생들의 손에는 들어가지 않으며, 오직 첫째 부인이 낳은 태자로서 성왕의 모습을 구족히 성취한 자만은 제외한다.

만약 전륜왕에게 이 태자로서 온갖 덕을 갖춘 자가 없으면, 왕의 수명이 다한 뒤에 이 모든 보배 등은 칠일 동안에 모두 다 흩어져 없어진다.

불자 약무차등불지진자   여시법문   불구
佛子야 若無此等佛之眞子면 如是法門이 不久

산 멸
散滅하리라

하 이 고   일체이승   불문차경   하황수
何以故오 一切二乘은 不聞此經이어든 何況受

지독송서사   분별해설   유제보살   내
持讀誦書寫하야 分別解說가 唯諸菩薩이야 乃

능 여시
能如是니라

시고   보살마하살   문차법문   응대환희
是故로 菩薩摩訶薩이 聞此法門에 應大歡喜하야

이존중심   공경정수   하이고   보살마하
以尊重心으로 恭敬頂受니 何以故오 菩薩摩訶

살   신락차경   질득아뇩다라삼먁삼보리
薩이 信樂此經하면 疾得阿耨多羅三藐三菩提

불자들이여, 이 경의 진귀한 보배도 또한 이와 같아서 일체 다른 중생들의 손에는 들어가지 않으며, 오직 여래 법왕의 진실한 아들로서 여래의 가문에 태어나 여래의 모습과 모든 선근을 심은 자만은 제외한다.

불자들이여, 만약 이러한 등 부처님의 진실한 아들이 없으면, 이와 같은 법문이 오래지 않아 흩어져 없어진다.

무슨 까닭인가? 일체 이승은 이 경을 듣지도 못하는데 어찌 하물며 받아 지니고 읽고 외우며 베껴 쓰고 분별하여 해설하겠는가? 오직 모든 보살들만이 이에 이와 같이 할 수 있다.

고
故니라

불자　설유보살　어무량백천억나유타겁
佛子야 **設有菩薩**이 **於無量百千億那由他劫**에

행육바라밀　수습종종보리분법　약미
行六波羅蜜하야 **修習種種菩提分法**이라도 **若未**

문차여래부사의대위덕법문　혹시문이
聞此如來不思議大威德法門이어나 **或時聞已**하고도

불신불해　불순불입　부득명위진실보
不信不解하며 **不順不入**이면 **不得名爲眞實菩**

살　이불능생여래가고
薩이니 **以不能生如來家故**니라

약득문차여래무량불가사의무장무애지혜
若得聞此如來無量不可思議無障無礙智慧

법문　문이신해　수순오입　당지차인
法門하고 **聞已信解**하야 **隨順悟入**하면 **當知此人**은

그러므로 보살마하살은 이 법문을 듣고는 마땅히 크게 환희하며 존중하는 마음으로 공경히 머리 숙여 받들어야 한다. 왜냐하면 보살마하살이 이 경을 믿고 좋아하면 빨리 아뇩다라삼먁삼보리를 얻는 까닭이다.

불자들이여, 설령 어떤 보살이 한량없는 백천억 나유타 겁에 육바라밀을 행하고 갖가지 보리분법을 닦아 익히더라도, 만약 이 여래의 부사의하고 큰 위덕의 법문을 듣지 못하였거나 혹은 때에 듣고서도 믿지 않고 이해하지 못하며 따르지 않고 들어가지 못한다면 진실한 보살이라고 이름할 수 없으니, 여래의 가문

생 여래가　　　수순일체여래경계　　　구족일
生如來家하야　隨順一切如來境界하며　具足一

체 제 보 살 법
切諸菩薩法하니라

안주일체종지경계　　　원리일체제세간법
安住一切種智境界하며　遠離一切諸世間法하며

출 생 일 체 여 래 소 행　　　통 달 일 체 보 살 법 성
出生一切如來所行하며　通達一切菩薩法性하며

어 불 자 재　　　심 무 의 혹　　　주 무 사 법　　　심 입
於佛自在에　心無疑惑하야　住無師法하야　深入

여 래 무 애 경 계
如來無礙境界니라

불자　　보살마하살　　문차법이　　즉능이평등
佛子야　菩薩摩訶薩이　聞此法已에　則能以平等

지　　지무량법　　즉능이정직심　　이제분
智로　知無量法하며　則能以正直心으로　離諸分

에 태어날 수 없는 까닭이다.

만약 이 여래의 한량없고 불가사의하고 막힘 없고 걸림 없는 지혜의 법문을 듣고, 듣고는 믿고 이해하여 수순하고 깨달아 들어가면, 마땅히 알라, 이 사람은 여래의 가문에 태어나서 일체 여래의 경계를 수순하고 일체 모든 보살의 법을 구족한다.

일체종지의 경계에 편안히 머무르며, 일체 모든 세간의 법을 멀리 여의며, 일체 여래의 행하신 바를 출생하며, 일체 보살의 법의 성품을 통달하며, 부처님의 자재하심에 대하여 마음에 의혹이 없으며, 스승 없는 법에 머물러

별   즉능이승욕락   현견제불   즉능이
別하며 則能以勝欲樂으로 現見諸佛하며 則能以

작의력   입평등허공계
作意力으로 入平等虛空界하니라

즉능이자재념   행무변법계   즉능이지혜
則能以自在念으로 行無邊法界하며 則能以智慧

력   구일체공덕   즉능이자연지   이일
力으로 具一切功德하며 則能以自然智로 離一

체세간구   즉능이보리심   입일체시방
切世間垢하며 則能以菩提心으로 入一切十方

망
網하니라

즉능이대관찰   지삼세제불   동일체성
則能以大觀察로 知三世諸佛이 同一體性하며

즉능이선근회향지   보입여시법   불입이
則能以善根迴向智로 普入如是法호대 不入而

여래의 걸림 없는 경계에 깊이 들어간다.

불자들이여, 보살마하살이 이 법을 듣고서는 곧 능히 평등한 지혜로 한량없는 법을 알며, 곧 능히 정직한 마음으로 모든 분별을 여의며, 곧 능히 수승한 욕락으로 모든 부처님을 눈앞에서 친견하며, 곧 능히 뜻을 내는 힘으로 평등한 허공계에 들어간다.

곧 능히 자재한 생각으로 가없는 법계에 다니며, 곧 능히 지혜의 힘으로 일체 공덕을 구족하며, 곧 능히 자연지로 일체 세간의 때를 여의며, 곧 능히 보리심으로 일체 시방의 그물에 들어간다.

入하야 不於一法에 而有攀緣하고 恒以一法으로

觀一切法하나니라

佛子야 菩薩摩訶薩이 成就如是功德하면 少作

功力으로 得無師自然智니라

爾時에 普賢菩薩이 欲重明此義하사 而說頌

言하시니라

곧 능히 크게 관찰함으로 삼세 모든 부처님의 동일한 체성을 알며, 곧 능히 선근 회향하는 지혜로 이와 같은 법에 널리 들어가되 들어가지 않으면서 들어가며, 한 법에도 반연함이 있지 아니하고 항상 한 법으로 일체 법을 관찰한다.

불자들이여, 보살마하살이 이와 같은 공덕을 성취하면 조금만 공들여 힘써도 스승 없는 자연지를 얻는다."

그때에 보현 보살이 이 뜻을 거듭 밝히려고 게송을 설하여 말씀하였다.

견문공양제여래
見聞供養諸如來에

소득공덕불가량
所得功德不可量이라

어유위중종부진
於有爲中終不盡하야

요멸번뇌이중고
要滅煩惱離衆苦로다

비인탄복소금강
譬人吞服少金剛에

종경불소요당출
終竟不消要當出이니

공양십력제공덕
供養十力諸功德도

멸혹필지금강지
滅惑必至金剛智로다

여건초적등수미
如乾草積等須彌라도

투개자화실소진
投芥子火悉燒盡인달하야

공양제불소공덕
供養諸佛少功德도

필단번뇌지열반
必斷煩惱至涅槃이로다

모든 여래께 보고 듣고 공양올리면
얻는 바 공덕을 헤아릴 수 없으니
함이 있는 가운데서 마침내 다하지 아니하여
반드시 번뇌를 멸하고 온갖 괴로움을 떠나리라.

비유하면 사람이 조그마한 금강을 먹어도
끝내 녹지 않고 반드시 나오듯이
십력께 공양올린 모든 공덕도
의혹을 없애고 반드시 금강지혜에 이르도다.

마른 풀이 쌓여 수미산 같다 하여도
겨자씨만 한 불을 던져도 모두 타버리듯이
모든 부처님께 공양올린 적은 공덕으로도
반드시 번뇌를 끊고 열반에 이르도다.

설산유약명선견
雪山有藥名善見이라

견문후촉소중질
見聞齅觸消衆疾이니

약유견문어십력
若有見聞於十力이면

득승공덕도불지
得勝功德到佛智로다

이시 불신력고 법여시고 시방각유십불
爾時에 佛神力故며 法如是故로 十方各有十不

가설백천억나유타세계 육종진동
可說百千億那由他世界가 六種震動하나라

소위동용서몰 서용동몰 남용북몰 북용
所謂東涌西沒과 西涌東沒과 南涌北沒과 北涌

남몰 변용중몰 중용변몰
南沒과 邊涌中沒과 中涌邊沒이요

설산에 약이 있으니 이름이 '선견'이라
보고 듣고 맡고 닿으면 온갖 병이 사라지니
만약 십력을 친견하고 들으면
수승한 공덕을 얻어 부처님 지혜에 이르리라.

이때에 부처님의 위신력인 까닭이며, 법이 이와 같은 까닭으로, 시방에 각각 열 말할 수 없는 백천억 나유타 세계가 있어 여섯 가지로 진동하였다.

이른바 동쪽에서 솟아 서쪽에서 사라지며, 서쪽에서 솟아 동쪽에서 사라지며, 남쪽에서 솟아 북쪽에서 사라지며, 북쪽에서 솟아 남쪽

십팔상동　　소위동　　변동　　등변동　　기
十八相動하니 所謂動과 徧動과 等徧動과 起와

변기　　등변기　　용　　변용　　등변용　　진　　변
徧起와 等徧起와 涌과 徧涌과 等徧涌과 震과 徧

진　　등변진　　후　　변후　　등변후　　격　　변
震과 等徧震과 吼와 徧吼와 等徧吼와 擊과 徧

격　　등변격
擊과 等徧擊이라

우출과제천일체화운　　일체개운　　당운　　번
雨出過諸天一切華雲과 一切蓋雲과 幢雲과 幡

운　　향운　　만운　　도향운　　장엄구운　　대광
雲과 香雲과 鬘雲과 塗香雲과 莊嚴具雲과 大光

명마니보운　　제보살찬탄운　　불가설보살
明摩尼寶雲과 諸菩薩讚歎雲과 不可說菩薩

각차별신운
各差別身雲하니라

에서 사라지며, 변두리에서 솟아 복판에서 사라지며, 복판에서 솟아 변두리에서 사라지는 것이었다.

열여덟 가지 모양으로 흔들리니, 이른바 흔들흔들 두루 흔들흔들 온통 두루 흔들흔들, 들먹들먹 두루 들먹들먹 온통 두루 들먹들먹, 울쑥불쑥 두루 울쑥불쑥 온통 두루 울쑥불쑥, 우르르 두루 우르르 온통 두루 우르르, 와르릉 두루 와르릉 온통 두루 와르릉, 와지끈 두루 와지끈 온통 두루 와지끈하였다.

모든 하늘 것보다 나은 일체 꽃 구름과, 일체 일산 구름과, 당기 구름과, 번기 구름과,

우성정각운　　엄정부사의세계운　　우여래
雨成正覺雲과 **嚴淨不思議世界雲**하며 **雨如來**

언어음성운　　충만무변법계
言語音聲雲하야 **充滿無邊法界**하니라

여차사천하　여래신력　　여시시현　　　영
如此四天下에 **如來神力**으로 **如是示現**하사 **令**

제보살　개대환희　　주변시방일체세계
諸菩薩로 **皆大歡喜**하야 **周徧十方一切世界**도

실역여시
悉亦如是러라

시시시방　각과팔십불가설백천억나유
是時十方에 **各過八十不可說百千億那由**

타불찰미진수세계외　　각유팔십불가설
他佛剎微塵數世界外하야 **各有八十不可說**

향 구름과, 화만 구름과, 바르는 향 구름과, 장엄거리 구름과, 큰 광명 마니보배 구름과, 모든 보살들을 찬탄하는 구름과, 말할 수 없는 보살들의 각각 차별한 몸 구름을 비내렸다.

바른 깨달음을 이루는 구름과 부사의한 세계를 깨끗이 장엄하는 구름을 비내리며, 여래의 말씀 소리 구름을 비내려서 가없는 법계에 가득하였다.

이 사천하에서 여래의 위신력으로 이와 같이 나타내 보여 모든 보살들이 다 크게 환희하게 하듯이, 시방에 두루한 일체 세계에서도 모두 또한 이와 같았다.

백 천 억 나 유 타 불 찰 미 진 수 여 래 　　동 명 보
百千億那由他佛刹微塵數如來하시니 同名普

현　　개 현 기 전　　이 작 시 언
賢이라 皆現其前하사 而作是言하시니라

선 재　　불 자　　내 능 승 불 위 력　　수 순 법 성
善哉라 佛子여 乃能承佛威力하야 隨順法性하야

연 설 여 래 출 현 부 사 의 법
演說如來出現不思議法이로다

불 자　　아 등 시 방 팔 십 불 가 설 백 천 억 나 유 타
佛子야 我等十方八十不可說百千億那由他

불 찰 미 진 수 동 명 제 불　　개 설 차 법　　　　여
佛刹微塵數同名諸佛이 皆說此法하노니 如

아 소 설　　시 방 세 계 일 체 제 불　　역 여 시
我所說하야 十方世界一切諸佛도 亦如是

설
說이니라

이때에 시방으로 각각 팔십 말할 수 없는 백천억 나유타 부처님 세계 미진수의 세계 밖을 지나서, 각각 팔십 말할 수 없는 백천억 나유타 부처님 세계 미진수의 여래께서 계시니 한 가지로 명호가 보현이며, 다 그 앞에 나타나 이렇게 말씀하셨다.

"훌륭하도다, 불자여. 이에 능히 부처님의 위신력을 받들어 법의 성품을 수순하여 여래께서 출현하시는 부사의한 법을 연설하도다.

불자여, 우리 시방의 팔십 말할 수 없는 백천억 나유타 부처님 세계 미진수의 같은 명호의 모든 부처님도 다 이 법을 설하고, 우리가 말

불자　금차회중　십만불찰미진수보살마
佛子야 今此會中에 十萬佛刹微塵數菩薩摩

하살　득일체보살신통삼매　아등　개
訶薩이 得一切菩薩神通三昧일새 我等이 皆

여수기　일생　당득아뇩다라삼먁삼보
與授記호대 一生에 當得阿耨多羅三藐三菩

리
提라하니라

불찰미진수중생　발아뇩다라삼먁삼보리
佛刹微塵數衆生이 發阿耨多羅三藐三菩提

심　아등　역여수기　어당래세　경불가
心일새 我等이 亦與授記호대 於當來世에 經不可

설불찰미진수겁　개득성불　동호불수
說佛刹微塵數劫하야 皆得成佛호대 同号佛殊

승경계
勝境界라호라

하는 바와 같이 시방세계의 일체 모든 부처님께서도 또한 이와 같이 설하신다.

불자여, 지금 이 모임 가운데 십만 부처님 세계 미진수의 보살마하살들이 일체 보살의 신통과 삼매를 얻었으니, 우리들이 다 수기를 주되 '한 생에 마땅히 아뇩다라삼먁삼보리를 얻으리라'라고 한다.

부처님 세계 미진수의 중생들이 아뇩다라삼먁삼보리의 마음을 내니, 우리들이 또한 수기를 주되 미래세에 말할 수 없는 부처님 세계 미진수의 겁을 지나서 다 성불하여 한가지로 명호를 '부처님의 수승한 경계'라고 할 것이다.

아등 위령미래제보살 문차법고 개공호
我等이 爲令未來諸菩薩로 聞此法故로 皆共護

지
持하노니라

여차사천하소도중생 시방백천억나유타
如此四天下所度衆生하야 十方百千億那由他

무수무량 내지불가설불가설법계허공등
無數無量과 乃至不可說不可說法界虛空等

일체세계중 소도중생 개역여시
一切世界中에 所度衆生도 皆亦如是하니라

이시 시방제불위신력고 비로자나본원
爾時에 十方諸佛威神力故며 毗盧遮那本願

력고 법여시고 선근력고 여래기지불월
力故며 法如是故며 善根力故며 如來起智不越

우리들은 미래의 모든 보살들로 하여금 이 법을 듣게 하기 위한 까닭으로 다 함께 보호하여 지닌다.

이 사천하에서 제도하는 중생과 같이 시방의 백천억 나유타 수없고 한량없고 내지 말할 수 없이 말할 수 없는 법계와 허공계와 같은 일체 세계에서 제도하는 바 중생들도 다 또한 이와 같다.”

그때에 시방 모든 부처님의 위신력인 까닭이며, 비로자나의 본래 원력인 까닭이며, 법이 이와 같은 까닭이며, 선근의 힘인 까닭이

념고　　여래응연불실시고　　수시각오제보
念故며 如來應緣不失時故며 隨時覺悟諸菩

살고　　왕석소작무실괴고　　영득보현광대
薩故며 往昔所作無失壞故며 令得普賢廣大

행고　　현현일체지자재고　　시방각과십불
行故며 顯現一切智自在故로 十方各過十不

가설백천억나유타불찰미진수세계외　　각
可說百千億那由他佛刹微塵數世界外하야 各

유십불가설백천억나유타불찰미진수보살
有十不可說百千億那由他佛刹微塵數菩薩이

내예어차　　충만시방일체법계
來詣於此하야 充滿十方一切法界하시니라

시현보살광대장엄　　방대광명망　　진동
示現菩薩廣大莊嚴하며 放大光明網하며 震動

일체시방세계　　괴산일체제마궁전　　소
一切十方世界하며 壞散一切諸魔宮殿하며 消

며, 여래의 지혜를 일으킴이 생각으로 뛰어 넘을 수 없는 까닭이며, 여래께서 인연에 응함에 때를 놓치시지 않는 까닭이며, 때를 따라 모든 보살들을 깨우치시는 까닭이며, 지난 옛적에 지은 바가 무너짐이 없는 까닭이며, 보현의 광대한 행을 얻게 하시는 까닭이며, 일체 지혜의 자재함을 나타내시려는 까닭으로, 시방으로 각각 열 말할 수 없는 백천억 나유타 부처님 세계 미진수의 세계 밖을 지나서 열 말할 수 없는 백천억 나유타 부처님 세계 미진수의 보살들이 있어서 여기에 와서 시방의 일체 법계에 가득하였다.

멸 일 체 제 악 도 고
滅一切諸惡道苦하나라

현 현 일 체 여 래 위 덕　　　가 영 찬 탄 여 래 무 량 차
顯現一切如來威德하며 歌詠讚歎如來無量差

별 공 덕 법　　　보 우 일 체 종 종 우　　　시 현 무 량
別功德法하며 普雨一切種種雨하며 示現無量

차 별 신　　　영 수 무 량 제 불 법　　　이 불 신 력
差別身하며 領受無量諸佛法하고 以佛神力으로

각 작 시 언
各作是言하시니라

선 재　　　불 자　　　내 능 설 차 여 래 불 가 괴 법
善哉라 佛子여 乃能說此如來不可壞法이로다

불 자　　　아 등 일 체　　　개 명 보 현　　　각 종 보 광 명
佛子야 我等一切가 皆名普賢이라 各從普光明

세 계 보 당 자 재 여 래 소　　　이 래 어 차
世界普幢自在如來所하야 而來於此하나라

보살들의 광대한 장엄을 나타내 보이고 큰 광명 그물을 놓아서 일체 시방세계를 진동시키고, 일체 모든 마군의 궁전을 무너뜨려 흩으며, 일체 모든 악도의 고통을 소멸시켰다.

일체 여래의 위덕을 나타내며, 여래의 한량없이 차별한 공덕의 법을 노래하여 찬탄하며, 일체 갖가지 비를 널리 내리며, 한량없이 차별한 몸을 나타내 보이며, 한량없는 모든 부처님 법을 받고, 부처님의 위신력으로 각각 이렇게 말하였다.

"훌륭하도다, 불자여. 이에 능히 이 여래의 무너뜨릴 수 없는 법을 설하였도다.

불자여, 우리들은 일체가 다 이름이 '보현'이

피일체처　　역설시법　　여시문구　　여시의
彼一切處도 **亦說是法**호대 **如是文句**와 **如是義**

리　여시선설　　여시결정　　개동어차　　부
理와 **如是宣說**과 **如是決定**이 **皆同於此**하야 **不**

증불감
增不減이라

아등　개이불신력고　득여래법고　내예차
我等이 **皆以佛神力故**며 **得如來法故**로 **來詣此**

처　　위여작증
處하야 **爲汝作證**하노니라

여아래차　　시방등허공변법계일체세계제
如我來此하야 **十方等虛空徧法界一切世界諸**

사천하　역부여시
四天下도 **亦復如是**하니라

고, 각각 보광명 세계의 보당자재여래의 처소로부터 여기에 왔다.

저 일체 처소에서도 또한 이 법을 설하며, 이와 같은 문구와 이와 같은 의리와 이와 같은 설함과 이와 같은 결정이 다 이곳과 같아서, 늘어나지도 않고 줄어들지도 않는다.

우리들은 다 부처님의 위신력인 까닭이며, 여래의 법을 얻은 까닭으로, 이곳에 와서 그대를 위하여 증명한다.

우리가 여기 온 것처럼 시방의 허공과 같고 법계에 두루한 일체 세계의 모든 사천하에서도 또한 다시 이와 같다."

이시　　보현보살　　승불신력　　관찰일체보
爾時에 普賢菩薩이 承佛神力하사 觀察一切菩

살대중　　욕중명여래출현　　광대위덕　　여
薩大衆하고 欲重明如來出現의 廣大威德과 如

래정법　　불가저괴　　무량선근　　개실불공
來正法의 不可沮壞와 無量善根이 皆悉不空과

제불출세　　필구일체최승지법　　선능관찰
諸佛出世에 必具一切最勝之法과 善能觀察

제중생심　　수응설법　　미증실시　　생제보
諸衆生心과 隨應說法호대 未曾失時와 生諸菩

살　　무량법광　　일체제불　　자재장엄　　일체
薩의 無量法光과 一切諸佛의 自在莊嚴과 一切

여래　　일신무이　　종본대행지소생기　　이
如來의 一身無異와 從本大行之所生起하사 而

설송언
說頌言하시니라

그때에 보현 보살이 부처님의 위신력을 받들어 일체 보살 대중들을 관찰하고 여래께서 출현하시는 광대한 위덕과, 여래의 바른 법을 무너뜨릴 수 없음과, 한량없는 선근이 모두 다 헛되지 않음과, 모든 부처님께서 세상에 출현하심에 반드시 일체 가장 수승한 법을 갖춤과, 모든 중생들의 마음을 잘 능히 관찰함과, 마땅함을 따라 법을 설하되 일찍이 때를 놓치지 않음과, 모든 보살들의 한량없는 법의 광명을 냄과, 일체 모든 부처님의 자재하신 장엄과, 일체 여래의 한 몸과 다름없음과, 본래의 큰 행으로부터 생기는 것을 거듭 밝히려고 게송을 설하여 말씀하였다.

일체여래제소작
一切如來諸所作이

세간비유무능급
世間譬諭無能及이나

위령중생득오해
爲令衆生得悟解하야

비유위유이현시
非諭爲諭而顯示로다

여시미밀심심법
如是微密甚深法을

백천만겁난가문
百千萬劫難可聞이니

정진지혜조복자
精進智慧調伏者야

내득문차비오의
乃得聞此祕奧義로다

약문차법생흔경
若聞此法生欣慶이면

피증공양무량불
彼曾供養無量佛이니

위불가지소섭수
爲佛加持所攝受하야

인천찬탄상공양
人天讚歎常供養이로다

일체 여래께서 모든 지으시는 바가

세간의 비유로는 능히 미칠 수 없으나

중생들로 하여금 깨우쳐 알게 하시기 위하여

비유 아닌 비유로 나타내 보이시도다.

이와 같이 비밀하고 매우 깊은 법은

백천만 겁에도 듣기 어려워

정진과 지혜로써 조복한 자만이

이에 이 비밀하고 깊은 뜻을 듣게 되도다.

만약 이 법을 듣고 기쁨을 내면

그는 일찍이 한량없는 부처님께 공양올린 것이니

부처님의 가지로 섭수하신 바가 되어

인간과 천신들이 찬탄하고 항상 공양올리도다.

차위초세제일재
此爲超世第一財이며

차능구도제군품
此能救度諸群品이며

차능출생청정도
此能出生淸淨道니

여등당지막방일
汝等當持莫放逸이어다

〈大方廣佛華嚴經 卷第五十二〉

이것은 세간을 초월한 제일의 재물이 되며
이것은 모든 중생들을 능히 구제하며
이것은 청정한 도를 능히 출생하니
그대들은 마땅히 지니고 방일하지 말지니라.

〈대방광불화엄경 제52권〉

大方廣佛華嚴經

부록

•

대방광불화엄경 목차

•

간행사

대방광불화엄경
목차

〈제1회〉

제1권   제1품   세주묘엄품 [1]

제2권   제1품   세주묘엄품 [2]

제3권   제1품   세주묘엄품 [3]

제4권   제1품   세주묘엄품 [4]

제5권   제1품   세주묘엄품 [5]

제6권   제2품   여래현상품

제7권   제3품   보현삼매품

        제4품   세계성취품

제8권   제5품   화장세계품 [1]

제9권   제5품   화장세계품 [2]

제10권   제5품   화장세계품 [3]

제11권   제6품   비로자나품

〈제2회〉

제12권   제7품   여래명호품

        제8품   사성제품

제13권   제9품   광명각품

        제10품   보살문명품

제14권   제11품   정행품

        제12품   현수품 [1]

제15권   제12품   현수품 [2]

〈제3회〉

제16권   제13품   승수미산정품

        제14품   수미정상게찬품

        제15품   십주품

제17권   제16품   범행품

        제17품   초발심공덕품

제18권   제18품   명법품

〈제4회〉

제19권　제19품　승야마천궁품

　　　　제20품　야마궁중게찬품

　　　　제21품　십행품 [1]

제20권　제21품　십행품 [2]

제21권　제22품　십무진장품

〈제5회〉

제22권　제23품　승도솔천궁품

제23권　제24품　도솔궁중게찬품

　　　　제25품　십회향품 [1]

제24권　제25품　십회향품 [2]

제25권　제25품　십회향품 [3]

제26권　제25품　십회향품 [4]

제27권　제25품　십회향품 [5]

제28권　제25품　십회향품 [6]

제29권　제25품　십회향품 [7]

제30권　제25품　십회향품 [8]

제31권　제25품　십회향품 [9]

제32권　제25품　십회향품 [10]

제33권　제25품　십회향품 [11]

〈제6회〉

제34권　제26품　십지품 [1]

제35권　제26품　십지품 [2]

제36권　제26품　십지품 [3]

제37권　제26품　십지품 [4]

제38권　제26품　십지품 [5]

제39권　제26품　십지품 [6]

〈제7회〉

제40권　제27품　십정품 [1]

제41권　제27품　십정품 [2]

제42권　제27품　십정품 [3]

제43권　제27품　십정품 [4]

제44권　제28품　십통품

　　　　제29품　십인품

제45권　제30품　아승지품

　　　　제31품　수량품

　　　　제32품　제보살주처품

제46권　제33품　불부사의법품 [1]

제47권　제33품　불부사의법품 [2]

제48권　제34품　여래십신상해품

　　　　　제35품　여래수호광명공덕품

제49권　제36품　보현행품

제50권　제37품　여래출현품 [1]

제51권　제37품　여래출현품 [2]

제52권　제37품　여래출현품 [3]

〈제8회〉

제53권　제38품　이세간품 [1]

제54권　제38품　이세간품 [2]

제55권　제38품　이세간품 [3]

제56권　제38품　이세간품 [4]

제57권　제38품　이세간품 [5]

제58권　제38품　이세간품 [6]

제59권　제38품　이세간품 [7]

〈제9회〉

제60권　제39품　입법계품 [1]

제61권　제39품　입법계품 [2]

제62권　제39품　입법계품 [3]

제63권　제39품　입법계품 [4]

제64권　제39품　입법계품 [5]

제65권　제39품　입법계품 [6]

제66권　제39품　입법계품 [7]

제67권　제39품　입법계품 [8]

제68권　제39품　입법계품 [9]

제69권　제39품　입법계품 [10]

제70권　제39품　입법계품 [11]

제71권　제39품　입법계품 [12]

제72권　제39품　입법계품 [13]

제73권　제39품　입법계품 [14]

제74권　제39품　입법계품 [15]

제75권　제39품　입법계품 [16]

제76권　제39품　입법계품 [17]

제77권　제39품　입법계품 [18]

제78권　제39품　입법계품 [19]

제79권　제39품　입법계품 [20]

제80권　제39품　입법계품 [21]

간 행 사

　귀의삼보 하옵고,

『대방광불화엄경』의 수지 독송과 유통을 발원하면서 수미정사 불전연구원에
서『독송본 한문·한글역 대방광불화엄경』과『사경본 한글역 대방광불화엄경』
을 편찬하여 간행하게 되었습니다.

『화엄경』은 우리나라에 전래된 이래 일찍부터 사경되고 주석·강설되어 왔으
며 근현대에 이르러서는『화엄경』의 한글 번역과 연구도 부쩍 많이 이루어졌습
니다. 그만큼『화엄경』이 우리 불자님들의 신행과 해탈에 큰 의지처가 되었던
것임을 알 수 있습니다.

『화엄경』을 독송하고 사경하는 공덕은 설법 공덕과 함께 크게 강조되어 왔
습니다. 그리하여 수미정사 불전연구원에서도『화엄경』(80권)을 독송하고 사경
하는 데 도움이 되도록 한문 원문과 한글역을 함께 수록한 독송본과 한글역
의 사경본『화엄경』간행불사를 발원하였습니다. 이『화엄경』간행불사에 뜻을
같이하여 적극 후원해주신 스님들과 재가 불자님들께 깊이 감사드립니다. 또한
『화엄경』을 수지 독송할 수 있도록 경책의 모습으로 장엄해 주신 편집위원들과
담앤북스 출판사 관계자들께도 고마움을 표합니다.

　끝으로 이 불사의 원만 회향으로『화엄경』이 널리 유통되고, 온 법계에 부처
님의 가피가 충만하시길 기원드립니다.

　나무 대방광불화엄경

불기 2564년 '부처님오신날'을 봉축하며
수미해주 합장

위태천신(동진보살)

수미해주 須彌海住

호거산 운문사에서 성관 스님을 은사로 출가, 석암 대화상을 계사로 사미니계 수계, 월하 전계사를 계사로 비구니계 수계, 계룡산 동학사 전문강원 졸업, 동국대학교 불교대학 및 동 대학원 졸업, 철학박사, 가산지관 대종사에게서 전강, 동국대학교 불교대학 교수, 동학승가대학 학장 및 화엄학림 학림장, 중앙승가대학교 법인이사 역임.
(현) 수미정사 주지, 동국대학교 명예교수.
저·역서로『의상화엄사상사연구』,『화엄의 세계』,『정선 원효』,『정선 화엄1』,『정선 지눌』,『법계도기총수록』,『해주스님의 법성게 강설』등 다수.

독송본 한문·한글역

대방광불화엄경 제52권

| 초판 1쇄 발행_ 2025년 1월 24일

| 엮 은 이_ 수미해주
| 엮 은 곳_ 수미정사 불전연구원
| 편집위원_ 해주 수정 경진 선초 정천 석도 박보람 최원섭
| 편 집 보_ 무이 무진 지욱 혜명

| 펴 낸 이_ 오세룡
| 펴 낸 곳_ 담앤북스
　　　　　서울특별시 종로구 새문안로3길 23 경희궁의 아침 4단지 805호
　　　　　대표전화 02)765-1251 전자우편 dhamenbooks@naver.com
　　　　　출판등록 제300-2011-115호
| ISBN_ 979-11-6201-903-0 04220

정가 15,000원
ⓒ 수미해주 2025